石原慎太郎の値打ち。

別冊宝島編集部 編

宝島社
文 庫

石原慎太郎の値打ち。

INTRODUCTION
「新党歓迎ムード」「首相待望論」のカラクリ

石原慎太郎の人気が依然として高い。ここ数年間の世論調査を見ても、石原慎太郎は、現総理大臣の小泉純一郎、またある時期までの田中眞紀子と並び、常に「首相にしたい政治家」の上位に名を連ねてきた。

一九九九年の都知事就任後、目を引く政策を次々とブチ上げてきたものの、その大半はたいした成果を挙げておらず、一方ではお決まりの暴言（三国人発言、重度障害者に人格はあるのか発言、閉経後の女性に価値はないといった「ババァ発言」など）を繰り返していながらも、なんだか石原慎太郎に対する世間の目は温かい。

加えて、石原新党への期待、さらには石原首相待望論まで飛び出すなど、近ごろの証券市場とは逆に、〝石原株〟だけは上昇し続けているのである。

それを下支えしているのがメディアである。とりわけマスメディアでは、目下、石原批判がどんどんタブーになりつつあるという。これはＴＶにも新聞にも、さらには大手月刊誌にもいえる傾向で、たとえば現場の新聞記者が石原都政の実態に疑問を抱いたとしても、なかなか記事にならない。なぜか？　たとえば石原慎太郎の番記者が、過去に複数名、不可思議なタイミングで担当を外されている。いずれの記者も石原都政には不利な記事を書いていたのだが、石原サイドは独自の人脈・コネクションを駆使しながら、新聞社に圧力をかけ、その結果、記者は担当から外されてしまったのだという。

昨今のマスメディアにトラブルを避けたいという気弱な姿勢が目立っていることもたしかだが、一方では、石原慎太郎が紙・誌面に登場すると、売れ行きに少なからぬ好影響を与えるのだという。たしかに石原慎太郎は――とっくの昔に文学者としては死んでいるが――ベストセラー作家である。メディア業界にとって、「政治家・石原慎太郎」は動向をチェックすべき対象だが、「作家・石原慎太郎」は貴重なドル箱、すなわち財産でもあるのだ。

＊

政治家・石原慎太郎の歴史を振り返ると、〝キワモノ〟として過ごしてきた時代が圧倒的に長い。たしかに、かつて環境庁長官、運輸大臣まで務めた経歴はあるが、その大言壮語ぶりとは裏腹に、何か後世に残る大仕事を遂げたわけではない。若き時代、自民党のタカ派議員集団「青嵐会《せいらん》」の幹事長に納まり、大暴れしたこともあった。しかしその中身は、たとえば国会での集票工作のため、裏切りそうな議員をトイレに連れ込んでシバき上げたり、野次で負けぬよう議場にこっそりと拡声器を持ち込んだりと、字義どおり〝大暴れ〟しただけである。

また、石原都政をつぶさに検証すると、先述したように、実績らしい実績はたいして挙がっていない。ホテル税、新債権市場の創設など、一見斬新に思える政策を打ち出してはきたが、都の財政難・景気回復に貢献するような効果は観測されていない。お台場カジノ計画、秋葉原ＩＴセンター構想にいたっては、警察族やゼネコンとの癒着が囁《ささや》かれている始末である。

それでもなぜ、世間では石原新党歓迎ムード、あるいは石原首相待望論が形成されているのか？　それは本当に民意なのか？　本書はそうした石原ブームの背景・カラクリを突き止める目的から生まれたのだが、記事は〝マスコミタブー〟の影響で一般の目に触れる機会が減ってしまった石原慎太郎の怪しげな人脈や疑惑、スキャンダルなどが中心となった。忌憚のないかたちで石原慎太郎の全体像を浮かび上がらせれば、自ずとブームの背景も浮かび上がってくると考えたからだ。

＊

目下、日本は「劇場型民主主義」のドロ沼にはまり込んでいる、という識者の指摘がある。冷戦構造が終焉してからというもの、与党も野党も、政治的な価値基準を見失ってしまった。それは国民一人一人にもいえることで、いまや何を政治に期待していいのかわからなくなっている。そこで、タレント好感度調査のように、なんとなく何かをやってくれそうな政治家に人気が集まっているのだという。しかし政治とは、本来、有権者それぞれに何を実現したいのかという具体的な要求・ビジョンがあってこそ、初めて円滑に機能するものだ（東京工業大学教授・橋爪大三郎氏の指摘）。

石原人気を支えている国民の一人一人は、石原新党に、あるいは石原首相に何を期待するのだろうか？　自民党主流派や官僚を壊滅に追い込んでほしい？　憎きマフィア国家・北朝鮮にミサイルを撃ち込んでほしい？

そうした要求が民意を占めればそうなるのだろう。しかしその前に、石原慎太郎の派手なパフォーマンスからいったん目を離し、彼がいかなる人物なのか、その本質に目を向けてみるのも悪くはない。

本書がそのための一助となれば幸いである。

別冊宝島編集部

石原慎太郎の値打ち。＊目次

INTRODUCTION
「新党歓迎ムード」「首相待望論」のカラクリ　5

第一章　宣戦布告！

【巻頭スクープ・インタビュー！】
元青嵐会の同志、中山正暉代議士が激白。
誰も知らない「慎太郎の正体」を全部話そう！
取材・構成＝川村力　14

第二章　疑惑の季節

【亀井、野中、中曽根――それぞれの「思惑」】
「石原新党」待望論の意外なウラ事情！
川村力　36

【秋葉原ＩＴセンター構想、新宿富久町の「再開発疑惑」】
鹿島建設グループ、石原都政。その〝黒い噂〟を追う
川村力　50

【石原都政がブチ上げた〝世紀のプラン〟】
秘策「お台場カジノ計画」に警察族の影が　川村力　67
【都議会の「差別翼賛」ムードに切り捨てられたもの】
石原都知事の「爆弾セクハラ発言」、さらに根深い「罪」とは？　椎名玲　75
【景観破壊、ヒートアイランド現象、地上げまがいの開発】
東京が壊れる！　石原都政が強引にすすめる再開発の〝盲点〟　椎名玲　89
【これだけあるパフォーマンス優先の証拠！】
銀行税、ホテル税、都バス車体広告、
カラス撃退作戦…etc.の効果を検証する！　佐々木孝明　99
第三章　政界アウトローという生き方
【美濃部亮吉・元都知事の「亡霊」と戦いつづけて】
政治家・石原慎太郎のトラウマ　上杉隆　124

石原慎太郎「人脈図」を解剖する！
【政財界から一橋大学ＯＢまで――】
島田四郎 145

「政財界コネクション」のルーツを探る
【回想録『国家なる幻影』から】
藤堂正臣 168

ザ・石原宣伝機関――フジサンケイグループからテリー伊藤まで
【「マスコミ人脈」の全容】
島田四郎 178

タカ派・石原慎太郎と「右翼人脈」の微妙な〝絆《きずな》〟
【石原コネクションの伏魔殿】
伊藤博一＋編集部 190

〝憂国の士〟のダーティ事件簿！
【土地転がし疑惑、住専疑惑から、愛人・隠し子スキャンダルまで】
藤堂正臣 209

ビックリ回想録にみる「石原さん的性格」の研究
【暴言、悪口、陰謀史観】
藤堂正臣 224

第四章　石原待望論なる幻影

【本当に「保守」の人なのか？】

〝ナショナリスト〟石原慎太郎の値打ち。　談＝松本健一　244

【作品売り上げベスト10から】

「作家」石原慎太郎。かくも堂々たる通俗！ 臆面なき型通り！　大月隆寛　265

著者紹介　284

第一章　宣戦布告！

【巻頭スクープ・インタビュー！】

元青嵐会の同志、中山正暉代議士が激白。誰も知らない「慎太郎の正体」を全部話そう！

取材・構成▼川村力（ジャーナリスト）

「旧友」は、なぜ石原都知事を告訴したのか？

二〇〇二年五月、中山正暉《まさあき》・衆議院議員は石原慎太郎・東京都知事を相手取り、大手新聞への謝罪広告掲載および損害賠償一千万円の支払いを求める民事訴訟を起こした。同年四月八日、石原氏が執筆している『産経新聞』の連載コラム「日本よ」の中で、中山氏に触れた部分が名誉毀損に当たるというのが告訴の理由だ。

中山代議士といえば、郵政大臣、建設大臣を歴任した自民党江藤・亀井派の重鎮である。その中山氏が、国会議員としてデビューする前からの友人だったという石原氏を、なにゆえ告訴するまでに至ったのか？
最初に、「この政治家たちの体たらく」と題された問題の記事のうち、中山氏について書かれている部分を以下に引用しておこう。

〈私のかつての親しい仲間でもあった、日朝友好議員連盟の会長で拉致問題の委員長という中山正暉議員が、従来専門家間ではいわれていたことを証かしてよど号ハイジャック犯人の元妻が、指令を受け有本さんの誘拐拉致のために働いたと告白し、拉致事件の真相解明のための新しい段階を迎えたとたん、相手もあろうに有本さんの家族に電話して、これは日本人が日本人を拉致したのであって北朝鮮政府とは関わりないことだといったということには唖然《あぜん》とさせられる。そう告げた相手が警察や外務省ならともかく、悲運に泣いている被害者の家族ということが一体何のためなのか到底理解出来ない。
そういい渡すことで中山氏は何を目論んだのか。被害者の家族への恫喝《どうかつ》か、としたらそれにいったいどんな効果があるというのか。それとも加害者たるテロ国家への気配りか、としたら何ゆえのへつらいなのか〉
この記事は、要するに「拉致問題」に関する中山氏の対応の〝まずさ〟について書かれたものである。中山氏は、この問題を解決するために結成された超党派組織「北朝鮮拉致疑惑日本人救援議員連盟（拉致議連）」の会長を、二〇〇二年三月まで務めていた。

この問題が新しい段階に入ったのは、中山氏が会長職を辞する直前のことだった。日本人拉致に関与した疑いを持たれていた「よど号ハイジャック事件」の犯人の元妻・八尾恵が、「有本恵子さんが私に騙されて〝結婚〟目的で北朝鮮に連れて行かれた」（『謝罪します』文藝春秋・二〇〇二年）と証言したのである。

ところが、石原氏の記事によると、八尾の証言の後、中山氏は奇妙な行動をとっている。被害者の有本恵子さんの家族に電話をかけ、「有本さんのケースでは、日本人が日本人を拉致したのだから北朝鮮とは無関係だ」と言い放ったというのである。

これに対し中山氏は、有本さんの家族に対する電話には別の目的があったこと、そして、このような発言をした事実はないことを主張している。

中山氏の主張によると、氏はあるビデオテープを公開する席に有本さんの家族を誘うため、電話をかけた。そのビデオテープとは、九七年の交渉の席で、中山氏が北朝鮮に対して有本さんの件を指摘しているシーンを録画したものだった。

また、北朝鮮政府と関係ないとは言っておらず、「日本人が拉致した有本さんの場合、北朝鮮政府に否定される可能性が高く、そうなると救出も難しくなる」と伝えたにすぎない。

どちらが真実であるかは、法廷の下す判決を待つよりない。

だが、この件で、石原氏が長年の友人であった中山氏の信頼を決定的に失ったことは確かである。それならば、石原氏を古くからよく知る中山氏に、今こそその真実の姿を語っていただこうではないか。

石原氏のケンカを受けて立ったかたちの中山正暉議員に、二人の長い因縁の日々について聞いた。

最初から「恩知らず」だった

――どういったいきさつで、石原氏と出会ったのですか？

「石原慎太郎が参議院全国区に立候補するとき、知人から演説を頼まれたのが始まりでした。その知人が言うには、『慎太郎さんはフワフワした人気はあるけれども、実際のところ、大阪では演説一つやってくれる者がない』と。

そこで、大阪市淀川区にある十三《じゅうそう》小学校の体育館をお借りして演説会を開くことにしたんです。当時はまだ私も大阪市議になって二期目の若造でしたから、自分でマイクを用意し、自分の支援者を総動員してようやく実現にこぎつけました。

そんなわけでギリギリまで準備に手間取ったもんですから、初めて彼と顔を合わせたのは当日、十三小学校の廊下ででした」

――そこから交流が始まったと？

「いや。彼は当選しても葉書一枚、電話一本よこさなかった。この男は物書きのくせに、葉書一枚書けないのか、文豪・夏目漱石はずいぶん手紙を書いたというではないか、なんと愛情の薄い男か、内心そう憤慨しましたよ。

しかも、それだけじゃないんです。彼が当選した翌年、私も衆院選に立候補したんですが、恩知らずなことに、彼は私の敵陣営に名前を貸したんです。当然、私の地元支持者たちはものすごく怒って、もうあんな奴は相手にするなと言うわけです。

そういったことがありましたから、当選後、彼とはあまり接触しないようにしていたんですね。ところが、これは後から聞いた話ですが、昭和四十四年に当選した同期生の松永光（衆議院議員。文部大臣、通産大臣、大蔵大臣を歴任）が、慎太郎にこう聞いたらしいんです。『アンタと中山君は、ほとんど同じようなことを主張しているのに、どうしてアンタの会に中山君は来ないのか』と。それに対して彼は、『いや、自分が不義理をした』と答えたらしい。

それからしばらくは音沙汰なかったんですが、ある日突然、慎太郎が議員会館の私の部屋を訪ねてきた。『何か用ですか？』と聞くと、要するにこういうことでした。慎太郎のお母さんが、彼と一緒にテレビで国会の映像を見たとき、画面に映った私の話になった。そこで、参院選で私に不義理をした顚末をお母さんに話したところ、『謝ってらっしゃい』と言われた。だから、彼は謝りにきたのだと。

天下の石原慎太郎ともあろう者が、お母さんから言われて謝りにきたというのは、些《いささ》か妙な感じがしたけれども、私は何もこだわりはないと言ってやった。私たち政治家は〝人を得る〟のが第一ではないか、徳を以《もっ》て政を為さねばならない、そう言ってやったんです。それでようやく和解しました」

和解はしたものの、中山氏は衆議院議員、石原氏は参議院議員だったため、石原氏が衆議院に鞍替《くらが》えする七二年まで、二人の間にほとんど接点はなかった。

七三年、中川一郎氏、渡辺美智雄氏らが代表世話人を務める派閥横断組織「青嵐《せいらん》会」が誕生したとき、中山・石原両氏は初めて協力関係を結んだのだった。

――「青嵐会」結成時のことを聞かせてください。

「今では名前ばかり大きくなってしまいましたが、本当は青嵐会なんて作るつもりはなかったんです。中川一郎や、ハマコー（浜田幸一）、私も含めて当時無派閥でウロウロしとったのが何人かいて、せっかくだからどこかから派閥を借りてきて〝中川派〟を作ろうじゃないかということになった。青嵐会のそもそもの始まりは、その程度のものだったんですよ」

――中山さんとハマコーさんは、どういう関係だったんですか？

「六〇年代半ばだったか、自民党青年局・青年部大会を開いたとき、私が大会運営委員長をやっていたのですが、開会早々、川島（正次郎）副総裁の挨拶に『嘘つけー！』と、いきなりヤジを飛ばす人がいましてね。面白い男がいるなと思ったら、それがあのハマコーだったんです。

あの大会はひどかった（笑）。当時新人だった橋本龍太郎（元首相）が青年局長でね、彼が何か言ってもいちいちケチをつける。どうしようもないから、大会運営委員長の私が『アンタ、ちょっと待っとくれ。アンタがいちいちケチつけてたら、物事何も進まんと、オレに任しとくれ』と言ったわけです。そうしたら彼もすんなりと『オウ、じゃあ、あんたに任せる』と納得してくれた。それから彼とのつきあいが始まったんです。当時、彼は千葉県議会の議員でした。

そして六九年、私が衆院選で当選し、初めて衆議院の議席に座ったとき、隣を見たら偶然にもそこはハマコーの席だった。私たちは同期生だったんですよ」

――しかし、そんな小さな集まりがなぜ、「青嵐会」ほどの大きな組織になったのですか？

「中川派を作ることを決めてからしばらくして、中川が『親しいヤツを集めてくる』って言い出した。私は大して気にも留めてませんでしたが、ある晩、中川から『今晩来てくれ』と電話があった。たしか映画俳優の長谷川一夫氏の奥さんが切り盛りしていた『かずお』という料理屋だったはずですが、そこに行ってみると、すでに三十人以上も集まっていたわけです」

――なぜ「青嵐会」という名前になったんですか？

「実は、名前がなかなか決まらなかった。初会合のときも話し合ったが、良案が出ない。後日、改めて名前を決めることになり、私は練りに練って『弥勒会』と提案したんですがね、結局は慎太郎が提案した『青嵐会』に決まりました。

実をいうと、私はホントは〝青嵐〟は嫌だったんです。なぜなら、俳句の世界で〝青嵐〟といったら、五月の新緑の木の間を抜けてくる穏やかな風を指すからです。穏やかな風なんて、私やハマコーのイメージと全然違いますからね。慎太郎は著書『国家なる幻影』（文藝春秋）で、青嵐とは『夏に激しい夕立を降らせて去る、さわやかな風』だと書いてます。でも、それは中国語の場合なんですよ。日本語の青嵐に、そんな意味はないんです」

石原回想録の嘘

――石原氏が幹事長に就任しましたが、どういった理由からですか？

「メンバーが揃う前からハマコーと私は、誰を幹事長にしようかと悩んでいたんです。いろいろ考えた末に、ハマコーが『オレらが百遍もの言うよりも、慎太郎が一遍もの言うたほうが、みんな聞くぞ』と言い出したから、それに私も賛成した。要するに、彼を幹事長にすることは、ハマコーと私の間で初めから決めていたわけです」

——当時の新聞・雑誌の記事を読むと、田中角栄内閣の崩壊を機に、青嵐会は多くの脱会者を出していますね。実際、ほとんど活動といえる活動をしていないのではないですか？

「そのとおりです。たちまち雲散霧消してしまった。そりゃそうですよ。慎太郎は口で言っていることとやっていることがまるっきり違いましたから。

たとえば、慎太郎は『国家なる幻影』の中でも嘘を書いている。慎太郎は、角さん（＝田中角栄元首相）の対中従属外交に一貫して反対していたように書かれているが、まるっきり嘘ですね。彼は日中友好条約締結のとき妥協したんです。当時の外務委員会で、慎太郎は私の前の席に座っていました。前々から日中友好条約に反対と公言していたくせに、採決の寸前になって、慎太郎はこちらを振り向いてこう言ったんですね。『正暉さん、今しか賛成するときないよ』と。その後、彼は突然起立（賛成）しました。外務委員会で、私一人だけが座ったままでした。実は、日中友好条約に反対したのは私だけだったんですよ。

その後行なわれた衆議院本会議の日の朝、ハマコーが電話をかけてきて、『（日中友好条約の採決は）どうする？』と聞かれた。青嵐会は欠席して反対することを決めていたが、私たち二人は『欠席したら風邪引いたのと間違えられる』ということで、出席して反対することにしたんです。結局、衆議院では林大幹（党国防副部会長）、ハマコー、私の三人が出席反対し、参議院では玉置和郎、源田実の二人だけが反対した。慎太郎はいつもそうなんです。最後になると逃げる。

それなのに、慎太郎は自分の本で、七四年の日中航空協定締結の末と七八年の日中友好条約締結の末をごっちゃにしてしまった。青嵐会は日中航空協定に反対し、ハマコーと中山正暉は最後まで出席して反対した、だなんて書いている。慎太郎自身が日中友好条約に反対しなかったのをうまいこと隠す小細工みたいなもんです。彼は小説家ですからね」

青嵐会が誕生した七〇年代前半、日本政府はその外交政策を大きく転換させた。当時首相だった田中角栄氏は、強引な手法で中国共産党との対話を進め、七二年には中華民国（台湾）との平和条約を破棄し、「日中共同声明」を発表した。七四年には内政干渉ともいえる内容の「日中航空協定」をも受け入れ、国内から対外従属との批判が湧き起こった。

この流れを受け、田中内閣の金権政治・対外従属外交の打倒を旗印に結成されたのが青嵐会だった。しかし、七四年、『文藝春秋』十一月号にジャーナリスト・立花隆氏の「田中角栄研究」とルポライター・児玉隆也氏の「淋しき越山会の女王」が掲載されたことをきっかけに田中金権政治批判が急速に高まり、田中政権は脆《もろ》くも崩れ去る。それと同時に、青嵐会も急速にその求心力を失っていったのである。

現保守党党首で、青嵐会のメンバーだったこともある野田毅氏は、当時の雑誌でこう発言している。

「中国問題、金大中事件などの路線の違いで半年で（青嵐会を）辞めた。石原さんには危惧の念がある」（『週刊現代』七七年五月十七日号）

ところが、そのように反共路線を貫いているかに見られた石原氏が、実は中国との友好条約締結の際は、土壇場で前言を翻して賛成に回った――中山氏はそう証言するのである。石原氏は現在も〝対中強硬派〟として知られているが、その裏にはどうやら疚《やま》しいものがあるようだ。

さて、田中内閣退陣後の七五年、石原氏は東京都知事選に出馬、落選した。しかし、その年の衆院選であっという間に国政に返り咲き、同年、福田赳夫内閣の成立と同時に環境庁長官のポストを得ている。時を同じくして、青嵐会の代表世話人・渡辺美智雄氏が厚生大臣に、事務局長だった浜田幸一氏も防衛政務次官に就任したため、骨を抜かれた青嵐会は事実上活動を停止したのだった。

　中山氏と石原氏の距離が再び広がっていったのは、どうやらこのころからだったようだ。石原氏は、環境庁長官ポストを手配してくれた中川氏に近づき、さらには中川氏が入れ込んでいた当時の福田首相にも近づいていった。一方で中山氏は、七八年の日中友好条約に一人反対した彼を咎《とが》め立てしなかった大平正芳（のち首相）氏の度量の広さに魅力を感じ、関係を深めていった。

　一方、七八年の自民党総裁選で福田赳夫首相が大平氏に敗れ、大平シンパが台頭するようになると、福田氏を強力に支持していた中川氏はやや疎《うと》んじられるようになった。これを見た石原氏は、七九年に〝兄貴分〟の中川氏を派閥の領袖に担ぎ上げ、「中川派」を立ち上げる。野心に溢れる石原氏は、「中川総裁」を誕生させようと目論んだのである。

　しかし、その無謀な目論見は、皮肉にも中川氏を自殺へと追い込んでいくことになる。

利用された中川一郎

――中山さんは、中川派とどのようにつきあっていたんでしょうか？

「私は日中条約以来、大平（正芳）さんと近かったから、実は中川さんをあんまり相手にしていなかったんです。中川さんは七八年に大平さんが総理になるとき、最後まで反対してましたから。大平内閣時代はほとんど接点がありませんでした。

ところが八一年十月、私が衆議院外務委員長をやっていたときのことですが、中川さんが当時の秘書だった鈴木宗男を連れて、突然外務委員長室に入ってきた。そして、『総裁選挙に出るから、（推薦人として）署名してくれ』と言う。私は、『アンタが出ると言うならサインしましょう。アンタは私の仲人までやってくれた人だから、断わるわけにはいかない』と署名したわけです。私が第一号だった。ただ、そのときはまさか五十人も賛同者が集まるとは思ってなかったんですよ。

それなのに、福田赳夫さんが同じく総裁選に立候補していた中曽根康弘さんの足を引っ張るために、福田派の面子《メンツ》を二十四人も中川さんに貸すと約束しちゃった。財界のほうにお願いしてね。慎太郎はそんなこと微塵も知らなかったようですが。

ところが、中川さんは周りが見えてなかったもんだから『これで総理になれるかもしれない』と本気で考えたわけです。まさかその二十四人全員が、最後には逃げてしまうとは思わなかった。だから、後から福田さんの裏切りをだいぶ恨んだみたいですね。ともかく最後には、中川さんの周りには誰もいなくなってしまった。

今思うと、鈴木宗男は中川さんの失敗を繰り返さないようにしようと思ったから、初当選後すぐに大派閥（＝田中派）に入ったんですよね。彼がやたらと金集めに走ったのも、無派閥だった中川が、総裁選で福田元首相に人を借りたら、あっという間に逃げられたという失敗を教訓にしていたんだと思います。本人に聞いたわけではありませんけど」

――石原氏はどんな対応を？

「中川さんは、派閥立ち上げ時から傍《そば》にいた慎太郎を頼りにしていた。ところが、中川さんが総裁選で中曽根に敗れた途端、慎太郎は中川さんを見捨てた。またですよ。彼は苦境になるとすぐに放り出すクセがある。

私は初めから忠告してたんです。八二年の総裁予備選で、私が前座を務めて中川さんが講演したときもそうでした。会場に熱気が溢れていて、中川さんもやけに興奮していたので、こう言ってやったんです。『いずれにしても五、六年先の話ですよ。歌にもあるじゃないですか、〈楽しくてやがて悲しき祭りかな〉というのが』と。祭りは短いぞ、あまり興奮しなさるなということです。

しかし、慎太郎が中川さんをむやみに駆り立てて、挙句の果てにポイ捨てした。総裁選で中川さんが敗れた後、石原は中川派の長老だった長谷川四郎さん、長谷川峻さんの二人と示し合わせて福田派に逃げ込もうとしたんです。それなのに、中川さんが自殺するやいなや、またも首を突っ込んできて、秘書の鈴木宗男と中川派の財産処理の裁判をやり出したんですね」

総裁選に敗れた中川派は、石原氏の根回しにより、早々と福田派への合流を決めた。石原氏は著書『国家なる幻影』の中で、当時のエピソードをこう綴っている。

「ここはいっそ思い切って全員して福田派に参加し、後は中川当人だけではなしに我々も努力してあそこを切り崩し、向こうが気がついたときには庇《ひさし》を借りて母屋を乗っ取るという作戦でいくのが上策と思い（後略）」

石原氏の解釈と中山氏の解釈のどちらが正しいかを決めることは困難だが、少なくとも石原氏は、総裁選の敗北を受けてすぐに、中川派はもうダメだと判断したようである。そして、八三年一月、札幌パークホテルの一室で、中川一郎氏は首吊り自殺を遂げた。その原因については諸説乱れ飛んでおり、二十年以上経《た》った今もまだ解明されていない。

中川氏の突然の死により名実ともに消滅した中川派は、とりあえず石原氏が代表代行に就任して跡を継いだが、まもなくジリ貧となり、石原氏の計画どおりに福田派に合流した。主要メンバーだった中山氏や平沼赳夫（現・経産相）氏は、一時は袂《たもと》をわかったが、現在はともに江藤・亀井派に名を連ねている。

中川氏の死後、中山氏と石原氏はお互い付かず離れずの時期が続いたが、八七年にようやく関係を修復する。竹下内閣で中山氏が郵政大臣、石原氏が運輸大臣として入閣し、再び家族ぐるみのつきあいが始まったのだった。九五年、石原氏が突如として国会議員を辞職した後も、その関係は続いた。

石原が三十年来の愛人にした「酷い仕打ち」

ところが、十年以上平穏を保っていた二人の関係は、三たび破綻する。冒頭でも述べたように、二〇〇二年四月八日、中山氏は東京地裁に石原氏を被告とする民事訴訟を起こしたのである。

――『産経新聞』の記事が出る前に、何か揉め事でもあったのでしょうか？

「まさか。私のところと慎太郎のところは、女房同士も親しいんです。だからこそ、なんで私が慎太郎からケチをつけられるのか、よくわからない。とりあえず慎太郎の意図を確かめるため、彼の自宅に電話を入れました。ところが、慎太郎の奥方の典子さんが出るばかりで、本人は電話に出ようともしない。

秘書の兵藤茂（都知事特別秘書）にもさんざん電話したけど、まったく埒《らち》があかない。彼が『検査入院している』と言うから、『では、そこに会いにいく』と言ってやったら、最後には『いや、どこの病院かわかりません』と。東京都知事ともあろうものが、行方がわからないということはないでしょう。

ところが、調べてみると、休暇で伊豆の伊東温泉におったんですね。だから先日、兵藤に会ったときに、こんなに騒ぎを大きくした責任は君にあると言ってやったんです。私が会わせてくれと言ったときに会わせてくれたら、こんなことにはならなかったと。何も答えませんでしたがね。案の定、今度の裁判資料でも兵藤の証言はわずか一行。『石原慎太郎・東京都知事の書いた記事は正しい』と書いてあるだけ。弁護士さんが笑ってましたよ。

ともかく、慎太郎のその不実さは昔から変わっていない。しかたがないから東京都庁に押しかけようかなと思ったけれどやめた。あそこは向こうの舞台だからね。結局、参議院国会等移転特別委員会の参考人として国会に来ることがわかったから、会議室の前で待ち伏せしたんです。

そして、終わって出てきた慎太郎にこう言ってやった。

『いい加減なことを書くな！〈この政治家の体たらく〉とは、誰に向かって言ってるんだ！アンタも四、五年前によその女に産ませた倅《せがれ》を認知したらしいな。俺は女房との間にしか子どもがいないけど、よそで子どもを産ませたヤツから〈この政治家の体たらく〉なんて言われる筋合いはない』と。慎太郎は顔面蒼白になっちゃったね」

――「倅を産ませたよその女」というのは、『FRIDAY』（講談社）がスクープした、元銀座ホステスのM子さんのことですか？

「そう。だけど、慎太郎の不実さはそんなもんじゃない」

——というと？

「『家庭画報』（世界文化社）の二〇〇二年四月号を読むと、慎太郎が作家の瀬戸内寂聴さんにこんなことを話している。

『昔々の話ですが、私が二十代に熱愛したある人が、五十代に起こした車の事故のせいでまだまだ若いのにアルツハイマーにかかり、長い闘病の末に亡くなりました。一度だけ見舞いに行って、その無惨な変わり様にショックを受け、その後恐《こわ》くて行けなくなった。そんな心理が綾なしてか、見舞った後、彼女の夢をよく見ました』

嘘をつくなと言いたい。実は、この女性は『劇団四季』始まって以来の美人女優といわれた中町由子さんなんです。亡くなられた方なので、悪くは言いたくありませんが、彼女は三十年間慎太郎に囲われていた……愛人だったんですよ。二十代に愛した女性なんかではない。もっと深い関係があったわけです。にもかかわらず、無惨な姿になってしまったからといって、恐くて見舞いにも行かないという。作家だからって、こんなふうに書いていいわけないでしょ。彼の愛情のなさをハッキリ示してるじゃないですか。

しかも、この話には続きがあるんです。実は、演出家で『劇団四季』創設者の浅利慶太さんが私に手紙をくれました。それによると、中町さんがアルツハイマーと闘病している間の介護料なんかは、全部、劇団四季が面倒を見たというんです。慎太郎は出してないんですよ。にもかかわらず、浅利さんが慎太郎を一周忌に呼んだとき、彼は皆の前で号泣したそうです。私には考えられないですね、酷《ひど》すぎて」

慎太郎は戦争の悲惨さを知らない

——ところで、今回の訴訟の争点について、改めてお聞かせください。

「私は、九七年の与党訪朝団に参加し、交渉の席で『有本恵子さんを返してほしい』と要求している。あのときは、森喜朗・自民党総務会長と野中広務・自民党幹事長代理が目の前にいましたが、二人とも、私が北朝鮮側の代表者に拉致問題について執拗に食い下がったり、日本の雑誌記事を北朝鮮側の審議官に無理やり手渡したりしたので、まるで冷凍庫にいるみたいなこわばった顔をしてましたね。

とにかくそういうわけで、有本さんの問題を北朝鮮側に指摘したのは、ほかならぬ私自身だったんです。この交渉は、ビデオにも録画してあります。その私が『有本さんのケースは北朝鮮政府とは関係ない』なんて言うはずがありますか？　そんな事実も知らずに、慎太郎はヌケヌケとああいう記事を書く。慎太郎は北朝鮮外交のことをいろいろ書いているが、自分では交渉一つやってないんだ」

——石原氏の〝タカ派〟的な外交姿勢についてはどう思いますか？

「『Newsweek』韓国版を読まれましたか？　慎太郎はそこで、『北朝鮮と戦争してでも抑留された日本人を連れ戻すだろう』と言ってるんです。もちろん拉致された方を取り戻さなければならないのは当然ですが、だからといって私は、こんなことは口が裂けても言えません。

私は戦時中、棺桶を作ったことがあります。近所の病院が夜中に爆撃を受けまして、そこで亡くなられた方の棺桶を、旧制中学の工作の先生と一緒に作ったんです。それも中学の校庭で。あのときのことを思い出すたび、やっぱり戦争は嫌だと思うんです。

慎太郎と私は同じ世代だけど、彼は田舎の人だったから、大阪に住んでいた私のように空襲を受けたり、棺桶を作ったりした記憶がないんでしょうね。だから、北朝鮮がミサイルを撃ってきたら撃ち返せばいいじゃないか、なんて思えるのですよ。ミサイルが飛んでくる恐怖なんか、彼にはわからないんですね」

――告訴の前に、奥様が倒れられたとか。今回の件とやはり関係あるんですか？

「そりゃひどいもんですよ。

（ここで中山氏は、傍らにあった袋から山のような葉書とビラを取り出す）

油の染み込んだ布を家の中に投げ込まれたり、『抹殺するぞ、覚悟しておけ。ただの脅しではない』『一人一殺』『お前はスパイ』などと書かれた手紙が毎日のように届くんです。右翼の街宣車が自宅を取り囲むなんてのもしょっちゅうですよ。おっしゃるように、妻も体調を崩しました。ついには放火までされたんですからね。

これで怒らずにいられると思いますか？

毎日毎日、慎太郎が書いたあの記事のせいで本当に苦しんでいる。家族がかわいそうでなりません。二〇〇二年の一月に孫が生まれたばかりなんですが、その孫の見ている前でこの有り様ですからね」

――最後に、今後のことを一つだけお聞かせください。中山さんの所属する江藤・亀井派の会長代理・亀井静香氏が、「石原新党」結成に向けて水面下で動いているといわれます。もし亀井氏が「石原派」や「石原新党」を立ち上げると言ったら、中山さんはどうなさいますか？

「そりゃ、僕は途端にいなくなる。そんなところにいる必要もないだろうし」

――それは派閥を出られるということですね？

「それは、そうですよ。そんなつまらないことで、政治家としての誇りを捨てたくありませんからね」

――石原氏が総理大臣になる可能性が出てきても、やはり同じですか？

「そのときは日本も長くないと思うしかないでしょうね。北朝鮮と戦争する日を怯《おび》えて待つことにします」

第二章　疑惑の季節

【亀井、野中、中曽根――それぞれの「思惑」】

「石原新党」待望論の意外なウラ事情!

川村力(ジャーナリスト)

ポスト小泉に石原総理待望論

自民党外にある保守陣営の実力者、石原慎太郎・東京都知事の動向が盛んに取り沙汰されるようになってきた。「石原新党を立ち上げて、ポスト小泉へ」などという声も公然と聞かれるし、マスコミ各社の世論調査などでも石原総理待望論が徐々に高まってきているようだ。

こうした動きを自ら仕掛け、期待している大物議員が三人いる。石原と思想・人脈が近い中曽根康弘元首相と、石原とは昔から親しかった亀井静香前自民党政調会長、それになぜか野中広務元自民党幹事長だ。なかでも、亀井と野中は自民党内での影響力低下が著しく、石原カードはいわば起死回生の奇手なのだが、石原、亀井、野中の三者会談がいつしか定例会のようになってきている。

ここで注目されるのは、石原都知事とは思想も人脈もかなり遠いところにいる野中である。なぜ、野中が石原と急接近したのだろうか？　その経緯を簡単に振り返ってみたい。

しかたなく石原に接近する野中

石原、亀井、野中の三者会談が定期的に持たれるようになったそもそもの始まりは、二〇〇〇年九月、石原、野中、亀井に加えて、のちにＫＳＤ事件で議員を辞職することになる村上正邦の四人が、永住外国人の選挙権などの問題について意見交換したことだった。その後、村上が辞職したため、二〇〇一年一月、改めて会談の場を持ち、石原、野中、亀井という現在の三者会談が生まれた。このころから、三人の会談は石原を代表とする「石原新党」結成の布石ではないか、と囁かれるようになった。

ところが、二〇〇一年四月、亀井が総裁選予備選に突如立候補したことで、亀井と野中との関係が崩れる。亀井は以前から、野中に橋本派支持の意向を伝えてあったからだ。とはいえ、二人は総裁選後にあっけなく関係を修復し、七月には再び三者会談を開いている。

九月に米国同時多発テロが発生し、三者揃っての会談はしばらく行なわれなかったようだが、二〇〇二年に入ってからは、三月、四月、七月と、以前にも増して頻繁に会談を繰り返している。会談の内容は「密談」（石原）だそうだが、いくらかは周囲に漏れてきている。

ある全国紙の記者によると、二〇〇二年三月の会談ではおおよそこんな会話が交わされたようだ。

野中「来月の（京都）府知事選はやっかいや。うまいことやらんと野党が騒ぎ出す」

亀井「あんた（＝石原）の支持者は国中にいる。あんたが行けばまとまるんじゃないか」

石原「僕などが行っても何も変わるまいに」

この会話は自民党内部の事情を前提としたものだった。それは要するに、次のようなことだ。

同年三月の横浜市長選、四月の京都府知事選、和歌山および新潟の参院補選の四つは、自民党支持率の低下に歯止めをかける意味で、前々からその重要性が叫ばれていた。派閥の領袖・橋本龍太郎が病の床に伏し、求心力を失いかけていた最大派閥の橋本派にとっては、四つすべての選挙で勝利して結束を回復する絶好の機会でもあった。とりわけ京都府知事選は、事務総長である野中の〝お膝元〟。自らの威信にかけて負けられない選挙だったのである。

しかし、野中の戦略はいきなりつまずく。四大選挙のうち、最初に行なわれた横浜市長選で、当選が確実視されていた与党三党相乗りの現職候補・高秀秀信が新人の中田宏（元代議士）に敗れたのである。これはあくまで憶測にすぎないが、横浜市長選の結果に慄《おのの》いた野中は、続く各地の選挙を前に、再度石原に応援を依頼したのではないだろうか。

結局、石原は翌月、野中の担ぎ出した山田啓二・前京都府知事の応援演説を引き受け、わざわざ京都まで出向いた（ちなみに、石原は橋本派総務会長・野呂田芳成のお膝元である秋田県知事選の応援にも行っているが、これも野中・亀井の依頼によると思われる）。

その結果、山田は辛くも当選を果たし、野中も首の皮一枚つながった。交換条件があったのかどうかは知る由もないが、この件で野中は、少なくとも一つ石原に対して〝借り〟を作ったことになる。ちなみに、自民党は、新潟参院補選では野党推薦の新人候補に敗れたが、和歌山では自民党推薦の前市長が勝ち、計二勝二敗で野中の面目はなんとか保たれた（ただし野党は、非自民系無所属候補が勝利した徳島県知事選を含め・

て「五大選挙」と呼び、計三勝二敗で自民党の惨敗だと主張する。筆者も、そう考えるのが妥当だと思う)。

そんなわけで、四月半ばに行なわれた会食は、府知事選での石原の協力に対する礼の席でもあったようだ。この会食の席で、亀井は勝利に貢献した石原を持ち上げてこう言ったといわれている。

「石原新党への期待感は日増しに強まっている。日本の危機を救えるのは、あなたしかいない。やったらいいじゃないの」(『日本経済新聞』二〇〇二年四月二十九日付)

石原待望論を煽る亀井の「皮算用」

だが、「石原新党」については、これまでの会談でも何度となく話題に上ったものの、本気で盛り上がっているのは亀井だけで、当の石原は「そんな簡単にはいかないよ」と受け流しているともいわれている。野中もあくまで聞き役に徹しているようだ。選挙で作った〝借り〟を、新党実現のための協力で返すつもりはないようなのである。

そうなると腑に落ちないのは、なぜ野中は石原との会合にこれほど時間を割くのか、ということである。単なる意見交換の場にしても、二人のスタンスはあまりに違いすぎて、互いの役には立ちそうもない。

にもかかわらず、二人が接触を重ねる理由はどこにあるのか？　かつて野中を追っていたあるベテランのジャーナリストは次のように語る。

「野中は、自らを頼ってくる者のためなら、恫喝だろうが謀略だろうが何でもやる男だ。だが、ただそれだけの男にすぎない。理念も政策もありはしない」

おそらく野中は、石原を利用する機会をじっと待っているのだろう。

一方、野中に比べ、そんな機会が転がり込んでくるのをじっと待ってはいられないせっかち者、それが江藤・亀井派の会長代行・亀井静香である。野呂田芳成・橋本派総務会長、堀内光雄・党総務会長とともに、青木参院党幹事長にうまくいなされ、不完全燃焼気味の亀井だが、いつまでも〝負け組〟にいるつもりはない。一発逆転の策略も練っている。石原新党構想がまさにそれだ。

小泉首相、橋本元首相、麻生太郎・元経済財政政策担当相、亀井の四人が立候補した二〇〇一年の自民党総裁選で、亀井は涙を呑んで本選の立候補を辞退した。表向きは、立候補辞退の交換条件として、亀井が立案した景気対策重視の経済政策を実施すると小泉が約束したからだといわれている。しかし、実際のところは、亀井首班を支持していた中曽根が、「亀井に勝算なし」として小泉支持に回ったからというのが事の真相で、経済政策の実施という〝条件〟は、亀井が一方的に押しつけたにすぎないものだったようだ。

「この一件で亀井は、自らが総理になるためのコースがたった一つしかないことに気づいたんだよ」

そう解説するのは、別の全国紙政治部デスクだ。

「小泉首相の勢いがある状況では、抵抗すればするほど亀井自身が不利になる。となると、小泉政権を脅かす人物を焚きつけて倒閣運動を起こさせるのが賢明だということなんだね。

では、小泉の敵としては誰が適任か？　それはやはり、小泉に勝るとも劣らない人気を誇る石原慎太郎しかいない。それ以外の政治家では〝抵抗勢力〟と見なされてしまう。仮に石原政権になれば親石原の亀井にとっては儲けものだし、敗れても自分の腹は痛まないということなんだ」

そんな事情があって、小泉内閣成立後、亀井は石原新党構想を盛んに言いふらして回っているというわけだ。計算高いようで実に単純な戦略だが、近ごろでは「国民の多くが石原新党を待望している」と、雑誌に書き立てられるまでになったのだから、亀井の作戦は功を奏しているといっていいだろう。

新党の母体は「黎明の会」＋「四騎の会」

ところで、亀井が考える石原新党とはどのようなものなのか。

別の全国紙政治部記者はこう推測する。

「現時点で考えられる党の母体は、亀井さんと平沼赳夫（現・経産相）が中心になって作った『黎明の会』でしょうね。会が発足したとき、亀井さんが『自民党に代わる新党を』と発言したのが話題になりましたよね。思えば、『石原新党』という言葉が流通し始めたのはこのころからでした。石原さんが九五年に議員を辞職したため、現在は活動休止中ですが、もともと狭い仲間内のサークルですから、きっかけさえあれば動き出すでしょう」

「黎明の会」は、八九年に石原、亀井、平沼らが立ち上げた派閥横断の政策集団である。のちに石原伸晃《のぶてる》・現行革相、小林興起、松岡利勝らが「黎明の会」推薦候補として当選し、所属議員が十人を超える所帯となった。

それにしても、わずか十人足らずの勢力で政権を握るのは物理的に不可能だ。他の派閥や、志を同じくする他党の議員の協力なしに、石原総理誕生はありえない。実際に新党結成を呼びかけたとき、果たして協力者は現われるのだろうか。

この疑問について考える前に、まずは石原新党と諸議員との距離の確認を兼ねて、自民党の若手議員や、他党の近況を確認しておく。

星の数ほどある自民党の若手議員集団のうち、もっとも注目されるのは「日本の明日を創る会」だろう。二〇〇〇年の結成当時から〝石原新党予備軍〟と呼ばれ、当時主婦層の支持を一身に背負っていた田中眞紀子を首相に、都知事の石原慎太郎を党総裁に担ぐのでは、と噂されていた。

そんな「明日を創る会」の現況を、自民党関係者が説明してくれた。

「そもそもは若手有力議員が集まって作った『自民党の明日を創る会』というグループでしたが、田中眞紀子さんの脱退で注目度がガタ落ちしてしまいました。それでも、残された石原伸晃さんや塩崎恭久さんらが主導して、『日本の明日を創る会』と名前を変更し、いちおうグループは存続しているようです。ただ、最近はとくに活動している話も聞きません。あくまで任意団体なので、解散したのかどうかはわかりませんね。説明会を聞きにいっただけなのに勝手に名簿に加えられた、と文句を言っている議員もいます。結局、単なるパフォーマンスにすぎず、大した活動はできないと思いますね。

主要メンバーだった伸晃さん、塩崎さん、渡辺喜美《よしみ》さん、根本匠《たくみ》さんの四人だけは、石原慎太郎さんに目をかけてもらって、新たに『四騎の会』を結成しましたが、ほかは総崩れ。その『四騎の会』だって、自意識過剰なメンバーが石原さんに憧れて作った〝親衛隊〟みたいなもので、とくに目立った活動をしているというわけではありません」

つまりは、若手議員の無責任な思いつきでしかなかったようだ。

しかし、「四騎の会」のメンバーは「四人とも将来の総理大臣候補」（自民党代議士秘書）といわれている。若手議員に強い影響力を持つ彼らが〝親衛隊〟であるのならば、石原新党への賛同者が集まる可能性は非常に高い。

石原の長男・伸晃が、石原にとって最良の参謀役なのは当然だが、故・渡辺美智雄副総理の長男・渡辺喜美も伸晃に劣らない有力参謀候補である。毛並みのよさもさることながら、なにより自民党屈指の政策通である。若手の勉強会を通じて、橋本派の後藤田正純（後藤田正晴・元副総理の甥の長男）や梶山弘志（故・梶山静六官房長官の長男）など、同じ二世の新人議員たちをうまく手なずけている。根本は小泉首相の私的諮問機関「国家戦略本部」に抜擢され、着々と力をつけている。石原の見る目はなかなか鋭いようだ。

しかし、一方で「四騎の会」を軽んじる向きがいるのも事実だ。

「四騎の会」およびその周辺に群がる議員たちは、注目されて当然の二世議員が多い。潜在的な目立ちたがり屋が多く、政策通であること自体を一種のパフォーマンスにしている面があるのは否めない。実際、「やたらと意見書を提出したり、政策集団を作ったりしているわりには、目新しい政策は皆無で、学者やエコノミストの論文をまとめたにすぎないものがほとんど」（民間シンクタンク研究員）という声もある。

実際、「四騎の会」のメンバーの政治力が落ちつつあるという指摘もある。

いずれも実力のある若手なだけに、このまま守勢に甘んじるとは思えないが、今後は大ボス・慎太郎都知事の動向を睨《にら》んで、自民党執行部と微妙な駆け引きが続いていくことになるのだろう。

タカ派四人組も石原を担ぐ!?

ところで、石原親衛隊の「四騎の会」とは別に、自民党内では、石原の主張とほとんど重なるタカ派な若手議員が集結する動きも現われている。

たとえば、二〇〇二年四月に立ち上げられた「北朝鮮に拉致された日本人を早期に救出するために行動する議員連盟（新拉致議連）」は、初代会長を石破茂（後に石破が防衛庁長官として入閣したため、中川昭一が就任）、副会長を米田健三、事務局長を平沢勝栄が務めているが、やはりタカ派集団の「歴史教科書問題を考える超党派の会」では、会長を中川昭一が務める一方、平沢と米田も名を連ねている。「小泉総理の靖国神社参拝を実現させる超党派国会議員有志の会」の会長も中川が務めている。つまり、中川、平沢、米田、石破の四人がこうした流れを主導しているわけだが、実は今、これらの団体を一つにまとめる動きも出てきているという。

こうしてみると、彼らはいずれも、石原慎太郎とはかなり近い。中川昭一は父・中川一郎の中川派を石原が引き継いで以来の縁で、しかも、八九年の自民党総裁選では、亀井静香らと「自由革新同友会」を結成し、石原を担いでいる。

平沢勝栄は、「四騎の会」にこそ加わらなかったものの、その母体だった「日本の明日を創る会」の有力メンバーだった。石破茂と米田健三は〝ネオ防衛族〟と呼ばれ、自衛隊と緊密な関係を育《はぐく》んでおり、自衛隊好きの石原とは通じるものがある。

彼ら四人の〝タカ派〟に共通する要素は、派閥の中堅議員ながら、上の世代が詰まっているために、なかなか頭角を現わすチャンスがないという不満である。すでに大きなうねりを作りつつある四人だが、国民の支持を獲得できる「カリスマ」を内部に抱えていないため、今後、思想・政策とも一致する石原をトップに据える動きを見せるかもしれない。

民主党からも新党に合流か？

一方、保守系野党のほうはどうか。

代表選と鳩山降ろし、熊谷弘の離党などで深刻な内部分裂が露見した民主党だが、ますます遠のいていく〝政権取り〟に失望した保守系の若手のなかから、かなりの数、石原新党に合流しそうな議員たちが出てくる可能性がある。

実際、民主党のある代議士秘書はこう話している。

「すでに民主党内には、中曽根さんの勉強会にちょくちょく顔を出している保守系の若手議員が十人以上もいますよ。小林憲司代議士にいたっては、『朝日新聞』のアンケート（二〇〇二年八月八日付）で、『次の総理に一番よいと思う人』に堂々と中曽根康弘を挙げているくらいですからね」

いずれにせよ、民主党が分裂する日はそう遠くはなさそうだ。

ところで、自由党の小沢一郎党首はどうか。『中央公論』二〇〇二年九月号のインタビューで、小沢は石原新党についてこう答えている。

「石原さんに本当にそういう気持ちがあるのか知る由もないが、周囲の人間が（マスコミも含めて）一生懸命、焚きつけている印象が強い」

どうもあまり興味がありそうなコメントではない。ただ、小沢は亀井と比較的近いから、石原新党に合流することはないにせよ、共闘することは考えられなくもない。

中曽根の悲願「保守再編」「憲法改正」

以上、石原新党をめぐる政界地図を俯瞰《ふかん》してきたが、現時点では、まだまだ現実味のある話となるには時期尚早な印象がある。今の政局では、「石原新党」云々よりも、むしろ「保守再編」のうねりに着目すべきではないだろうか。

しかも、そのキーマンになるのは石原慎太郎ではなく、中曽根康弘である。前出の全国紙政治部デスクはこう話す。

「二〇〇二年、小泉さん、石原さん、中曽根さんの三人で意見交換する席があった。この席で中曽根さんが『そろそろ鳩山（由起夫）君も仲間に入れてやったらどうか』と発言したことが話題になった。本当にそう言ったのかどうかは定かではないが、少なくとも中曽根さんはその方向で調整を進めている。最後の大仕事として憲法九条改正に執念を燃やす彼は、数年前から保守勢力の党派横断的な結集を唱えてきた。八十三歳の老人に何ができようか、と言う人もいるが、彼の発言力にはまだまだ絶大なものがある」

保守再編の流れのなかで、もしかしたら石原新党が生まれることもありうるだろう。しかし、それは石原が主導するものではなく、あくまで〝中曽根の主導による石原新党〟となるのではないだろうか。

亀井静香らが現在煽《あお》っている〝石原ブーム〟の浅薄な実態をもっともよくわかっているのが、あるいは石原慎太郎本人なのかもしれない。石原自身、『週刊文春』（二〇〇二年九月五日号）で、こう語っている。

「落選した人間が、この次の選挙はどこから出ようが当選できればいいという、それだけが石原待望論なんだ。それがほとんどだから」

ただし、この石原慎太郎という男、野心と自信のカタマリのような人間ゆえ油断はできないことは確かである。

【秋葉原ＩＴセンター構想、新宿富久町の「再開発疑惑」】

鹿島建設グループ、石原都政。その〝黒い噂〟を追う

川村力（ジャーナリスト）

不自然なコンペ

最近、妙な噂を耳にした。あるゼネコンが、政界の大物の力添えを得て露骨な商売を展開しているというのだ。ゼネコンとは、日本最大手の鹿島建設（鹿島、以下同）。しかもそのお相手は、今をときめく石原慎太郎都知事だという。鹿島建設と石原氏の〝カンケイ〟が噂を呼んでいるのは、東京都が推し進める「秋葉原再開発計画」の入札を巡り、事前に情報が漏洩していたのではないかという憶測が飛んだからである。

秋葉原地区では、神田市場移転跡地や旧国鉄秋葉原貨物駅跡地を中心に、九〇年代

後半から土地区画事業やＪＲつくば線（常磐新線）の建設が進められてきたが、肝心の土地利用法はまったく決まっていなかった。そこで東京都は、二〇〇一年三月に「秋葉原地区まちづくりガイドライン」を発表し、同地区を高度情報化社会に対応したＩＴ拠点として再開発することを宣言した。同年十二月初旬には、このガイドラインに基づいた「秋葉原ＩＴセンター」構想を発表。それと同時に、「ＩＴセンター」の事業計画および計画実行に伴う都有地の買い受け予定金額の公募《コンペ》も開始した。

明くる年の一月末日、募集は締め切られた。そして、「秋葉原ＩＴセンター（仮称）審査委員会」による審査の結果、当選したのは、鹿島建設・ダイビル・ＮＴＴ都市開発の三社が組んだ「ユーディーエックス特定目的会社グループ」が提案した事業計画だった。

一見した限りではごく普通の公共事業のコンペ・入札のようだが、よくよく調べてみると不自然きわまりない点が浮かび上がってきたのである。

都市計画を専門とするあるシンクタンクの研究員が、このコンペの性質について説明してくれた。

「常識では考えられないコンペです。まず、条件が厳しすぎる。ショールームやサテライト連合大学院、条例で定められた約四百台のほかにも五百台の駐車場を設けるなど、設置を義務づけられている施設がやたらと多い。しかも、五年間は事業変更を認めないという条件まで付いている。発注者が事前にこれほど細かい条件を出してくるケースは珍しいですね。これは要するに、たとえ大赤字でも五年間は東京都の言うとおりにIT事業を展開しろ、という意味です。今後大きな需要の見込まれるIT関連の施設とはいえ、テナントも含めて集客力は未知数。建てるだけではなく、運営もしなければならない事業者にとって、きわめてリスクが大きい事業です」

これだけでも、入札に参加できる業者はかなり限定されてくる。しかし、不自然な点はまだあるのだ。研究員が続ける。

「事業者の公募が始まったのが二〇〇一年十二月七日なのに、事業計画書類の提出締切が翌年一月末日だなんて、そんなコンペがどこにありますか？　正月返上で立案に取り組んだとしても、わずか一カ月半の時間しかない。こんなに募集期間が短いコンペは、ほとんどありませんよ。正直いって、これほど巨大な施設の事業計画を一カ月やそこらで作れるとは思えないです。東京都参与の唐津一・東海大教授が、どうしても石原都知事の一期目任期中にスタートさせたいと主張したといわれていますが、そんなのは私情じゃないですか。

実際、十二月七日の公募説明会には十三グループの参加があったというのに、事業計画書を提出できたのは、鹿島建設グループただ一社だったそうです。大成建設や清水建設のような大手ゼネコンなら、鹿島に対抗する事業案を出せたはずなのに」

この点について石原氏は当時、「去年（二〇〇一年）の三月からこういうプロジェクトで正式に公募しますということをアナウンスし、関係者は皆知っていたはず」と発言しているが、その三月に出されたのは「まちづくりガイドライン」で、秋葉原をＩＴの拠点にすると発表しただけである。

ある都議会議員の重鎮も、前述のシンクタンク研究員と口を揃えるようにこう話す。

「今回のコンペの募集要件は次の三点だった。

一、ＩＴ関連事業に実績があること
二、過去十年間に一〇万平米以上のオフィス開発の実績があること
三、過去十年間に一〇万平米以上のオフィス賃貸事業を三年以上継続した実績があること

そもそも、一〇万平米以上のオフィスを建てられる業者は国内では数えるほどしかない。しかも、ＩＴ事業にも実績が必要だから、専門企業をグループに加えなければいけない。そのパートナーも、遅くとも一カ月以内に探さなければならない。そんなウルトラＣができるのは国内では数社しかないし、逆にそのうち一社でもできるなら

残りの数社にもできるはず。にもかかわらず、一社しか応募しなかったということは、その一社だけ特別な条件があったと考えざるをえない」

「ノミネートされうるだろう企業」

さらに、入札過程にも不自然な点が目立つ。「ITセンター」構想のために払い下げられた土地は約一万六〇〇〇平米で、鹿島建設グループが提示した価額は四百五億円。平米当たりに換算すると、約二百五十三万円で購入したことになる。一方、東京都が提示した予定価格は約二百二十九億円。こちらは平米当たり百四十三万円。ここまで差が開いたのはなぜだろうか。

「そこが疑問。電気店が立ち並ぶ外神田の土地価格は、二〇〇一年の段階で、平米当たり三百九十万円程度だとわかっている。『ITセンター』の建つ神田市場移転跡地はJR秋葉原駅の目の前なんだから、土地価格は電気街と大して変わらないのではないか。それどころか、現在建設中の常磐新線が開通すれば、ますます値上がりするかもしれない。それをたった百四十三万円で売るなんて、明らかに投げ売りだ。そんなことをしても東京都には何のメリットもないはず。なんでこんな予定価格が算出されたのか……」（前出・都議会議員）

ある建築専門誌のベテラン記者も、次のような苦言を呈する。

「東京都は、鹿島グループの事業計画書を受け取ってから売却予定価格を決めたといわれています。そんなものに意味があるでしょうか。仮にそれが許されるのなら、妥当な価格を提示した企業が落選する可能性だって出てきてしまいます。たとえば今回、鹿島のほかにA社が三百八十億円で入札したとします。東京都が、入札の締切後に予定価格を四百億円に設定すれば、A社はたとえ優秀な事業計画を提出したとしても、予定価格を下回ったがために圧倒的に不利になってしまう。これでは入札と呼べないんじゃないでしょうか」

いずれにしても価格設定の謎はいまだに解明されていない。しかし、たとえ売却価格が妥当に設定されていたとしても、結果は変わらなかったのかもしれない。

全国紙の都庁担当記者はこう話す。

「事業計画の審査をした『審査委員会』のメンバーは、各分野の専門家と都庁サイドの担当者三人（財務局長、都市計画局長、産業労働局長）に浜渦武生副都知事を加えた七人だったんです。これは由々しき問題ですよ。

都庁サイドの三人はみな局長。局長の人事権は都知事の専管事項になっているのですが、実際のところ、現場に近い浜渦副都知事の意向が強く反映されています。だから、三人は最終的に、浜渦副都知事の意に反する審査結果には賛成することができないわけです。となると、仮に三人の有識者たちが鹿島建設グループの事業案に反対したとしても、ほとんど意味がない。多数決になったら四対三ですからね。要するに、この『審査委員会』の構造からして、浜渦副都知事ひいては石原都知事の独断が結論になることは初めからわかっていたんです」

こうやって疑惑の全体を俯瞰すると、事前に、石原氏（あるいはその近辺）から鹿島建設に情報が流れていたようにしか思えない。また、不測の事態に備えての準備も万端だったように見てとれる。石原氏は二〇〇二年三月十二日の都議会で、思わず本音が出たのか、こんなコトを口にしている。

「ゼネコンというのは生き残るために熾烈な競争をしているんですよ、情報の収集も含めてね。その限りでは、私たちは充分にノミネートされうるだろう企業に情報を提供しておりましたし、それなりの研究をしてきたんです、彼らも」

「ノミネートされうるだろう企業」にだけ情報を提供してきたというなら、それは著しく公平性を欠いているのではないか。そして、事業計画書を提出したのは一社だったにもかかわらず、なぜ「彼ら」が「それなりの研究」をしてきたことを知っているのか。この発言は、石原氏とゼネコンとがズブズブの関係であることを如実に示している。

「富久町再開発」で、またしても鹿島

「秋葉原再開発疑惑」の陰に隠れて追及されなかったが、さらに別の問題も浮上している。本件の主人公も、鹿島建設と石原都知事である。まだ名のないこの問題を、仮に「富久町再開発問題」と呼ぶことにする。

東京都・富久町をご存じだろうか。新宿の東のはずれにある駐車場と木造住宅の町。バブル経済がピークを迎えるころ、心ない地上げ屋の標的になった。しかし、バブルが崩壊して業者が次々と倒産すると、持ち主のいない空き屋がいたるところに放置された。町の西部（西富久）地区は、残された空き屋跡地が駐車場として活用されてはいるものの、辺り一帯は十年前と変わらず虫食い状態のままである。

ところが九七年、西富久地区で、地元住民たちが街づくり組合を組織した。彼らの尽力により、街の再整備計画は急激に進展した。それと同時に都市基盤整備公団による土地の買収もスピードを増し、二〇〇二年二月には、超高層住宅と、高齢者施設などを備えた低層住宅という二本立ての大居住区が建設されることになった。

とまあ、ここまでは『プロジェクトX』が取り上げそうな美談なのだが、問題はその後だ。同年七月、政府の都市再生本部は、全国で十七カ所の「都市再生緊急整備地域」を指定している。都市再生本部の狙いを簡単にいえば、特定の地区で規制緩和を行なうことで民間業者を開発事業に引き込み、不良債権を解消すること。いかにも官僚が描きそうな夢物語だが、今回ばかりは侮れない。「規制緩和」の内容がハンパではないからだ。

では、いったいどんな規制緩和なのか?

「緊急整備地域」内で「都市再生特別地区」に指定されると、大まかにいって、次の三つの点で特別扱いを受ける。

一、建物の用途、高さ、容積率などの制約を定めた都市計画法を無視できる

二、地域内の地権者のうち、三分の二の同意があれば、残りの住民を強制退去させられる

三、地域内で開発事業に携わる「優良な」業者は、(一部)無利子で資金を借りられる

言葉はやや荒っぽいが、おおよそこのとおりである。

ちなみに二などは、いくら重要な都市計画とはいえ、許されていいものなのかはなはだ疑問だが、それはさておき話を戻そう。

件《くだん》の富久地区はこの「緊急整備地域」に指定された。したがって、虫食い地域に残った住民に立ち退きを迫ることが可能だし、公共施設部分には無利子の資金貸し付けが行なわれることになる。二〇〇二年初めに建築計画の青写真が焼き上がったばか

りの西富久地区にとって、これほど心強い措置はないだろう。

ところが、地図上で指定地域を確認してみると、何かおかしい。虫食いゾーンの富久町西部だけでなく、図面では更地になっている町の中央部も「緊急整備地域」に指定されているのである。

この中央部がクセモノなのだ。この地区の六〇％以上を占める土地には、すでに大手ゼネコンが開発に参入しており、この記事が世に出るころには、巨大なマンションやオフィスが出来上がっているはずだ。大手ゼネコンとは、もちろん鹿島建設のことである。

どう考えても不必要な措置

事情に詳しい地元の不動産会社の社員がこう話してくれた。

「東富久地区には、今年（二〇〇二年）中に鹿島さんのハコモノが二つ完成します。一つは三十二階建てのマンション。これは近鉄（不動産）さんが管理するんですが、計画・施工は鹿島さん。初めは熊谷組と、近鉄さんの出資する大日本土木も参加して〝おこぼれ〟に与《あずか》ってたんですが、大日本土木はこの間潰れました。熊谷組も不況で鳴かず飛ばずですから、ほとんど鹿島さんの独壇場ですね。もう一つは六階建てのビルで、中にどんなテナントが入るのかはまだわかっていません。こちらは鹿島さんが建設・所有します」

どちらの計画も規制緩和して新規参入を促すような地域ではない。にもかかわらず、「緊急整備地域」に指定されたのはなぜなのか。東京都建設局のある職員は、こう訝《いぶか》しむ。

「実は、私たちも驚いているんです。富久町北部には、戦後から『環状四号線』の建設計画があるのですが、都心の住宅地ゆえなかなか取りかかれず、二〇〇一年にようやく測量を始めたばかりなんです。しかし、今回の指定によって状況は一変しました。予定より急ピッチで現地の立ち退き交渉が進められるはずです。予想外のことでしたが、その計画自体は西富久地区の住民が望んでいたことですから、とくに問題ないと思います。

ただ、なぜこの地域が『緊急整備』を要するのかがわからないんです。東京都内で今回の指定を受けた東京駅周辺や六本木周辺をはじめとするほかの六カ所と違って、富久地区はあまりに矮小《わいしょう》な地域。地元組合の努力で、すでに再開発は動き出している。しかも、すでに鹿島建設という大きなディベロッパーが入っているじゃないですか……。今後、この周辺地域で巨大プロジェクトでもやらないかぎりは、不必要な措置だと思います。むしろ、乱開発が新たに地域住民の生活を脅かす可能性すらあります」

実は、この職員の発言を裏づけるかのように、こんな噂も囁かれている。
「東富久地区の三割を占める小石川工業高校が、老朽化のため近々廃校される予定になっている。この小石川工業は、鹿島建設とその系列会社にかなりの数の卒業生を送り出している。いわゆる〝コネ採用〟によるものだ。取締役に名を連ねているOBもいる。そんな関係があるから、鹿島建設が跡地の取得にかける想いは並々ならぬものがあるようだ。高校の近辺にある都営住宅も統合し、跡地に一大施設を作る準備が進められていると聞いているが……、実際に資料を見たわけではないからそれ以上はわからない」（大手ゼネコンOB）

ところで、この不可解な「緊急整備地域」はいったい誰が決めたのか。

実は、東京都に関しては、都知事である石原氏が決めたのである。指定地域の発表は、都市再生本部長である小泉純一郎首相の名前で行なわれたが、「どこを指定するか」は「都市再生特別措置法」の規定により、自治体が決めることになっていたのである。

石原氏が都市開発に燃やす情熱は尋常ではない。石原氏は二〇〇二年の初め、わざわざ首相官邸を訪れ、緊急整備地域の第一号は東京都にやらせてほしいと〝陳情〟している。その一つがこの「富久町再開発問題」なのだから、まさか超高層ビルを一、二軒建てて道路を引っ張ってハイおしまい、というわけではあるまい。

いろいろな意見に耳を傾けてみると、石原氏は、富久町近辺で進んでいく開発の全容をすでに知っているとしか思えない。そして、その情報はほかならぬ鹿島建設サイドから得たものではないのか。真相は開発が進むにつれて明らかになっていくことだろう。

鹿島建設営業統括部長、人権侵害の過去

石原氏と鹿島建設との間に、なぜ複数の奇妙な接点があるのだろうか。それには、大まかにいって二つの理由がある。一つには、彼が鹿島建設を含む強力な政財界グループに組み込まれていることが挙げられる。

「フジサンケイグループ」「東急グループ」「西武グループ」「鹿島グループ」は、それぞれのトップまたはオーナー同士が、交友関係・縁戚関係で固く結ばれている。このグループに、現在でも〝政界の大ボス〟として権勢をふるっている中曽根康弘元首相が食い込んでいる。中曽根氏の二女が「鹿島グループ」オーナー一族の渥美家に嫁いでいるのだ。

今さら「閨閥《けいばつ》」(＝親族や姻族で作る派閥)とは古臭いと思われるかもしれないが、そんなことはない。たとえば、西武ドームを建てたのは鹿島建設である。お台場のフジテレビ本社とニッポン放送本社を建てたのも鹿島建設。渋谷起点の東急電鉄と新宿

起点の西武鉄道は、しっかり棲み分けしている。このような例はいくら挙げてもキリがない。「閨閥」が一体となって共存を図るシステムは、いまだに機能しているのである。

石原氏が政治家としてある程度の成功を収めることができたのも、やはりこの政財界グループのおかげだった。つまり東急グループ総帥の五島昇（故人）、フジサンケイグループの祖・水野成夫（故人）、中曽根元首相らの庇護下にいたからこそなのである。石原氏は西武グループの堤清二氏とも親しい。となると、残る鹿島グループとの関係も決して希薄なものではないだろう。

もう一つの理由とは、同社の営業統括部長・栗原俊記氏の存在である。何度もマスコミに書き立てられた栗原氏と石原氏の関係だが、改めて説明しておく。

栗原氏は石原氏の国会議員時代、氏の公設第一秘書を務めていた。一橋大学商学部在学中に「一橋闘争」を経験し、菅直人（民主党代表）氏らとともに民青同盟や全学闘争委員会などの共産勢力と対峙した。大学卒業後は鹿島建設に入社。数年で石原氏の秘書に転じている。秘書に転じた経緯は『世界』（岩波書店・二〇〇二年七月号）に掲載されたジャーナリスト・斎藤貴男氏のレポートが参考になる。要するに、鹿島建設元副会長で一橋大学ＯＢの原明太郎氏が石原氏の要請に応じて自社から秘書を提供したということのようだ。

さて、石原氏の秘書に転じた栗原氏は、八二年にとんでもない事件を起こす。石原氏の選挙区（東京二区）の対立候補が催す後援会会合のポスター約三千枚のうち、二千枚ほどに、あるシールを貼り付けたのである。対立候補とは、当時大蔵省出身の新人候補として期待を集めていた新井将敬氏（故人）のことで、貼られたシールとは「六六年北朝鮮より帰化」というものだった。栗原氏は、深夜にこのシールを貼り付けているところを新井陣営の事務所員に発見され、警察に突き出されたのだった。栗原氏は犯行後、雑誌のインタビューに対してこう答えている。

「私一人で貼りました。（中略）あの翌日（十一月二十日）、辞表を石原さんに提出し、受理されました。石原さんは〝バカなことをして〟と言ってました。親分に、いえ、元親分に迷惑をかけて申しわけないと思ってます」（『週刊宝石』八三年一月七日号）

人権侵害と言われてもしかたがない、きわめて悪質な事件を起こした人間に対して、「バカなことをして」の一言だけとは、寛容というよりむしろその見識を疑う。しかし、石原氏の見識について長々と論じるスペースはないので、ここではこの事件が（栗原氏の独断で実行したにせよ）、起こるべくして起こったものであることだけを確認しておきたい。

ゼネコンとの接触記録を公開すべき

石原氏と新井氏が地盤とする東京二区は、全国でも知られる激戦区。いかに人気者の石原氏といえども慢心は許されない選挙区だった。実際、次の総選挙では新井氏に数百票差まで追い上げられている。事件の起こった八二年十一月は、石原氏が担いでいた派閥の領袖・中川一郎氏が総裁選に敗れ、石原氏自身の進退もおぼつかない時期だった。大蔵官僚出身の新井氏の存在が、石原氏に落選への恐怖を与えたことは想像に難くない。

さらに、新井氏が渡辺美智雄・大蔵大臣（当時）の〝秘蔵っ子〟といわれていたことも、石原氏の嫉妬心に火をつけたのではなかろうか。なぜなら、石原氏は超党派集団「青嵐《せいらん》会」の幹事長だったころから、同会の代表世話人だった渡辺氏を高く評価していたからである。自分ではどうしても得られなかった渡辺氏の寵愛を一身に受けた新井氏。そんな彼を、石原氏は腹の底で憎んでいたのかもしれない。

栗原氏は石原氏の心中を見抜き、自ら〝親分〟の犠牲になったのではないか。栗原氏の資質だけが、事件を引き起こしたとは思えないのである。

栗原氏は、事件後も石原氏の選挙活動を補佐し、八九年には鹿島建設に復職、営業統括部長に昇進している。石原氏にとって栗原氏の行為は「よくぞやってくれた」なのか、「なんてコトをしてくれたんだ」なのか定かではないが、お互い秘密は墓場まで持っていくつもりらしい。この事件の結果、二人がもはや生涯切っても切れない仲になったことは間違いない。

ここまで石原慎太郎・東京都知事と鹿島建設との〝密な〟関係について見てきた。いくつかの例を挙げて示したように、他社に先駆けて同社が情報を得ている可能性は否定できない。中曽根氏や栗原氏など、接触ルートが用意されていることも疑いようのない事実だ。

ところが石原氏は、そもそもそれを「情報漏洩」ではなく、企業が情報収集活動に励んだ「成果」として捉えているようだ。常識から考えて、受注者のゼネコンが発注者である自治体の首長から〝情報〟を得ることなど、到底許されて良いわけがない。石原都知事はゼネコンとの接触記録を都民に公開すべきではないだろうか。

【石原都政がブチ上げた〝世紀のプラン〟】

秘策「お台場カジノ計画」に警察族の影が

川村力（ジャーナリスト）

「カジノ建設」は石原都知事の公約

東京の新たな観光名所になりつつあるお台場で、世界でも類を見ない巨大なカジノ施設の建設計画が進行している。その名も「グラン・コロッセオ」。石原慎太郎・東京都知事の相談を受けた東京大学客員教授・梅澤忠雄氏が提案したもので、一万室のホテルにカジノやショッピングモール、会議場などを併設する予定だという。

ある都議会議員はこう語る。

「カジノ計画は石原都知事の選挙公約です。今年度（二〇〇二年度）の予算でも一千万円の調査費を計上し、少しずつ動き出していることは間違いありません。ただ、あくまで調査を進めているだけで、実際にどんなハコモノ（建造物）を作るかというのは、まだまだ先の話。梅澤さんの提出したプランは、あくまで提案にすぎません。

法的にも問題があります。まず、賭博を禁止している刑法を改正する必要がありま す。それをクリアしたとしても、いきなり梅澤さんのプランを採用というわけにはいきません。建築計画は都知事の専管ではありませんから、改めて建築計画について公正なコンペを行なう必要があります」

実現への道のりは険しい。カジノの街・ラスベガスの名は日本でもよく知られているものの、「カジノは巨額のマネーが一瞬にして動くギャンブル場」「マフィアや暴力団が暗躍している」といった不健全なイメージはいまだに根強く残っている。石原氏がいくら「カジノは健全な娯楽だ」と言ってみせても、社会全体を説得するのは容易でない。

それどころか、同じ地方自治体の首長でさえ、カジノ解禁に反対する者は少なくない。兵庫県の井戸敏三知事は、「地域振興のためにカジノを導入するほど落ちぶれたくない」と真正面から反論を唱えている。場合によっては、石原氏自らの首を絞めることになりかねないカジノ計画に、リスクを負ってまで執着する理由とはいったい何なのか？
「二〇〇〇年度の決算によると、東京都の実質収支は六百七十八億円の赤字で、このままでは来年度（二〇〇三年度）以降も一千億円以上の財源不足が発生するのは免れない。だが、梅澤教授の提案するカジノホテル構想が実現すれば、雇用機会の創出はもちろんのこと、数千億円規模の年収が見込めるうえ、すでに決定済みのホテル税による税収増も期待できる。カジノ計画は、石原都知事が公約として掲げる財政再建を実現するための、いわば最終兵器というわけだ」（経済誌記者）
なるほど、銀行税構想が破綻したうえ、ディーゼル税・ホテル税導入でも財政回復が望めない東京都の現状を考えると、カジノ導入のメリットは計り知れないものがある。パチンコで場外換金が公然と見逃されていることを考えれば、財政再建のためにカジノを「健全な娯楽」と認めるくらいは問題ない気もしてくる。
それどころか、経済専門家のなかには、本来なら課税対象となるべき所得が、カジノを禁じることによってアングラマネー化していると指摘する者もいる。浜銀総合研究所調査部研究員・門倉貴史氏の著書『日本の地下経済』（講談社プラスアルファ新書・二〇〇二年）によれば、日本の地下経済に占める暴力団の非合法所得は約一一％で、そのうち約一七％が闇賭博によるもの。さらに、暴力団が関係していない違法賭博も地下経済の一％を占めるという。この闇マネーの流れを透明化して捕捉するだけでも、税収増につながることは間違いない。

巨大な警察利権

しかし、である。カジノ解禁によってこの地下経済を明るみに出せば、東京都をはじめとする地方自治体だけがその恩恵を受けることができる、と考えるのは短絡的すぎる。実は、カジノ解禁でもっともオイシイ思いをするのは、何を隠そう〝警察〟なのだ。なぜなのか？　それはカジノと似通った性質を持つパチンコ業界の構造を見れば一目瞭然である。

刑法で禁じられている賭博行為を未然に防ぐため、風俗営業法の規定により、パチンコ店などいわゆる風俗店の許認可権は所管の警察に与えられている。だから、パチンコ店の生殺与奪《せいさつよだつ》は警察に握られているといっても過言ではない。このため、警察を味方に取り込みたいパチンコ業界は、警察官僚の「天下り」を受け入れたり、警察官僚出身の政治家に多大なる献金を続けてきた。

この事実を端的に示しているのは、次に挙げる事件である。

現在、北朝鮮による拉致問題で名を売っている平沢勝栄代議士は警察官僚出身。警察庁保安課長時代、パチンコにプリペイドカードシステムを導入した立役者である。この新システムでは、カード会社が客の使用度数に応じてパチンコ店に売上金を払い込むため、カネの流れを透明化できるというメリットがあるとのフレコミだった。

ところがフタを開けてみると、肝心のカード会社の大株主に警察ＯＢの天下り組織「たいよう共済」が名を連ね、多大な配当を得ていることが発覚。その後も変造カードが大量に流通する事件が続くなど、結果として億単位のカネがパチンコ業界から流出する結果となった。

また、平沢氏は代議士に転向した後の九九年、違法パチスロを製造していた大阪のメーカー「大東音響」から〝御礼金〟一千万円を受け取ったとして週刊誌の追及を受けている。平沢氏の例に見られるように、警察ＯＢとパチンコ業界とは切っても切り離せない関係なのである。

ところが、石原氏はそういった利権構造を踏まえたうえで、なおカジノ解禁を押し進めようとしているようだ。『石原慎太郎　次の一手』（徳間書店・二〇〇一年）を書いた大下英治氏のインタビューに石原氏は、「（カジノにおけるスロットマシンを合法的賭博として法制化したうえで）天下り先が、警察はパチンコの仕事しかないということらしいから、カジノも全部、警察ＯＢにまかせてしまえばいい」と答えている。

しかし、アミューズメント・ウォッチャーのよしかわゆうぞう氏は次のように指摘する。

「カジノのスロットマシンを合法化した場合、パチンコとの整合性が問題になるのは必至です。現在のパチンコ店は店外換金所を別会社にすることで法規制をすり抜け（いわゆる三店方式）、警察の〝お目こぼし〟によって成立しているわけですから、カジノのスロットがOKということになれば、パチンコも新法によって規制を緩やかにせざるをえなくなるでしょうね。

また、東京都など公共機関がオーナーシップを持つかたちでカジノ解禁となる場合、ゲーム機器の製造・営業許可はかなり厳格なものになります。パチンコとの整合性を考えると、許認可を判断するのは、石原都知事のおっしゃるとおり警察関係者以外にありえません。警察OBや警察官僚出身の政治家の影響力は今以上に強くなり、メーカー絡みの警察の利権も当然大きなものになると思います」

後者について、石原氏の相談役・はかま満緒氏は、参入障壁の高いラスベガスなどから、すでに厳しい審査をくぐり抜けた「MGMグランド」「ミラージュ」などの海外企業が参入するので心配無用だと語っている。ところが、よしかわ氏によると、パチスロメーカー最大手の「アルゼ」やゲームメーカーの「コナミ」は、すでに米・ネバダ州からスロットマシンの製造許可を受けているという。

「アルゼに関しては、一〇〇％出資の子会社アドアーズが、韓国・ソウルやプサンのカジノですでにカジノ機器の納入実績を挙げています。ラスベガスのカジノ機器は米メーカー製でアナログ式ですが、日本企業の製品はデジタル式。お台場のカジノ建設が決まれば、アルゼやコナミが海外企業との機器納入競争に打ち勝つ可能性は充分あります」

利権の見返りに新党工作?

その兆候は早くも現われている。二〇〇二年五月、元警視総監の前田健治氏が、「アルゼ」の人材育成担当顧問として「天下り」することが明らかになった。警察が直接的にパチスロ機メーカーを所管するわけではないものの、経営陣の〝下心〟が見えすいた人事だ。

それだけではない。実は、この「アルゼ」の社長を務める岡田和生氏は、黒い噂の絶えない亀井静香代議士と大の〝仲良し〟なのである。同社の元幹部は、「岡田は酒を飲まないから、二人で料亭なんてことはないが、しょっちゅう電話で話をしている」と証言する。また、前出のよしかわ氏もこう話す。

「毎年九月に行なわれる日本アミューズメントマシン工業協会主催のアミューズメントマシンショー（二〇〇二年は九月十九〜二十一日に開催）の開会式では、例年来賓として亀井氏が挨拶に立っています。アルゼの岡田社長と亀井氏は、いつも親密そうに立ち話をしていますね」

亀井氏もやはり警察官僚出身。前出の平沢勝栄代議士は、官僚時代の部下である。

警察ＯＢとしてギャンブル利権を温存したい二人の利害は、「石原支援」でピタリと重なる。

だからだろうか、二人とも石原氏との関係維持に余念がない。亀井氏は石原氏の国会議員時代からの盟友で、石原氏の都知事就任後は定期的に料亭接待を続けている。平沢氏も石原氏の長男・石原伸晃《のぶてる》行革担当大臣とともに、石原新党の母体になるといわれた「自民党の明日を創る会」を結成するなど、すでにしっかりと石原氏に食い込んでいる。

ちなみに、〝カジノ好きの政治家〟といえばハマコーだが、今回とくに絡んでいるといった話はなさそうだ。

【都議会の「差別翼賛」ムードに切り捨てられたもの】

石原都知事の「爆弾セクハラ発言」、さらに根深い「罪」とは?

椎名玲(ジャーナリスト)

セクハラ発言は日常的

「これは僕がいってるんじゃなくて、松井孝典がいってるんだけど、『文明がもたらしたもっとも悪しき有害なものはババァ』なんだそうだ。『女性が生殖能力を失っても生きてるってのは、無駄で罪です』って。男は80、90歳でも生殖能力があるけれど、女は閉経してしまったら子供を生む力はない。そんな人間が、きんさん、ぎんさんの年まで生きてるってのは、地球にとって非常に悪しき弊害だって……。なるほどとは思うけど、政治家としてはいえないわね(笑い)。まあ、半分は正鵠《せいこく》を射て、半分はブラックユーモアみたいなものだけど、そういう文明ってのは、惑星をあっという間に消滅させてしまうんだよね」

これは『週刊女性』（二〇〇一年十一月六日号）に掲載されたインタビュー記事「石原慎太郎都知事吠える！」からの抜粋である。記事の掲載から時間が経とうとしているが、石原氏の発言は、今なお大きな波紋を投げかけている。

まず記事が掲載されたのち、この発言に怒った全国の女性たちから東京都に抗議が殺到し、東京都在住の女性たちが、連名で石原慎太郎都知事に公開質問状を提出する騒ぎになった。

「三国人」発言など数々の差別的な発言を繰り返してきた石原都知事だが、この女性蔑視発言をきっかけに、支持層の一つである主婦たちからも強い反感を買うこととなってしまった。

東京都在住の主婦、横田美由紀さんもこの発言に憤りを感じている。

「〝女性は子どもを産む道具〟とでもいった発言。笑い事では済まされません。これは完全なセクハラ発言です。東京都のトップに立つ人間が、このような考えの持ち主だなんて情けなくなります。石原さんはいつも、他人の発言を引用して自分の意見を述べるスタイルですが、よくよく考えれば、これは自分の言うことに逃げ道を作っているだけで、男らしくなくて、卑怯な気がします」

男性から見れば、週刊誌の記事くらいで、何もそう目くじらを立てなくてもいいじゃないかと言いたくなるかもしれない。

しかし、東京都の職員に聞いたところ、彼の女性蔑視発言は日常茶飯事なのだという。

「石原都知事は、たとえば議事録に残るような議会などの場では決して言わないけれど、休憩中とか、ちょっとした雑談のなかで、女性を軽んじるような言動をとることがありますね」（東京都職員）

東京都議会議員の執印《しゅういん》真智子氏も、こうした石原都知事の女性蔑視の発言が、議会全体に影響を与えているのではと危惧する。

「男性議員のなかには、女性議員が議場で石原都知事に食い下がるような質問をすると、石原都知事に誘発されたかのように『女は黙ってろ！』というヤジを平気で飛ばす人もいるんです。いちど議会を見にきていただければわかりますよ」

東京都では二〇〇〇年四月に「東京都男女平等参画基本条例」を策定し、条例をこれから本格的に推進していこうとしていた。前述した暴言が石原氏の口から飛び出したのは、まさにその矢先だった。

こんなに〝曲解〟されていた松井教授の論理

石原氏によれば、今回問題になった女性蔑視発言は、東京大学の松井孝典教授が語った言葉からの引用だという。石原氏と松井教授は、以前に東京ＭＸテレビの『東京の窓から』という番組中で対談しているのだが、その中で聞いた話が発言の論拠だという。しかし、この番組のビデオを入手して確認したところ、松井教授の発言には、どう考えても石原氏が言ったような意味は含まれていないのである。

石原氏が番組の中で、人類・地球があと何年もつか、せいぜい五、六十年ではないかと問いかけたところ、松井氏は次のように語っている。

「我々だけがなぜか、人間圏という特別なものを作って一万年繁栄を続けたかっていうのは、実は、原生人類が持っている生物学的物質によるのかもしれないんですよ、脳の中の。それは、二つあるといわれていて、一つは『おばあさん仮説』っていうんだけど。原生人類だけがおばあさんが存在する。おばあさんというのはね、生殖年齢を過ぎたメスが長く生きるということですよ。普通は生殖年齢を過ぎるとすぐに死んじゃうわけ、哺乳動物や猿みたいなものでもね」

この発言のどこをどう引けば、「文明がもたらしたもっとも悪しき有害なものはババァ」となるのだろうか。逆に、人類の繁栄が「おばあさん」の出現によってもたらされたと述べているように考えるほうが、自然ではないだろうか。

石原知事は『週刊女性』誌上だけでなく、公の場でも同じような趣旨の発言をしたことがある。それは、二〇〇一年の十月二十三日に行なわれた「少子社会と東京の福祉」会議に出席したときのことだ。「すごい話をしたんだ、松井さんが。私は膝を叩いてそのとおりだと。女性がいるから言えないけど……」などと自論を展開した。

こうした発言については、東京都都議会でも問題になり、追及されている。共産党の渡辺康信議員が、代表質問で「女性蔑視発言をキッパリと撤回すべき」と詰め寄ったが、石原都知事は深沢七郎の小説『楢山節考』のあらすじを引き、やたらと長い演説を始めた。

「……年をとったそのおばあさんを、その部落の貧困さゆえに、あえて生きている人間を捨てに行くという、これは、年とった女の人が、他の動物の生存の仕方に比べれば、かなり横暴な存在であるという表現の、実は逆説的な一つの証左でありまして……」と、説明にもならない説明を披露し、挙句の果てには「私は私で女性を敬愛しておりおります。ゆえに私の発言を撤回するすべもございませんし、する必要もないと思います」と、代表質問を撥ね除けたのである。

石原氏はこうして、なんとか「ババァ発言」を取り繕《つくろ》おうとしたのだが、そもそも『楢山節考』の本筋は、貧困ゆえに男も女も高齢になれば口減らしのために山へ捨てられるというもの。孝行息子が泣きながら自分の母親を捨てるくだりが印象的な小説である。石原氏は、またもやそれを曲解したのである。

賠償責任を問う訴訟

女性の人権問題に詳しい中野麻美弁護士は、今回の石原氏の発言は、決して彼〝個人〟のものとしては受け取れないという。

「『政治家としては言えない』と言いながら、都知事の肩書きのもとでこの発言をしたということは、充分に都知事の立場を意識した発言ということになります。都知事は東京都という自治体を統括し、これを代表する立場（地方自治法第百四十七条）にあります。石原氏の発言内容は、都の政策方針を示すものと受け取られてもしかたがないのです」

実は先日、女性団体などが中心となって、「石原都知事の『ババァ発言』に怒り・謝罪を求める会」が結成されている。同会では、石原発言に対する謝罪・撤回を求める運動を行ない、賠償責任を問う訴訟も検討しているという。

「石原都知事の今回の発言は、女性への言葉の暴力そのものです。生殖機能の違いによる男女の区別、差別表現を用いた女性に対する人格的屈辱を与えたことになりますし、女性の生きる価値や役割を生殖機能に収斂させるという押しつけは、さらなる屈辱と排撃的性格を有する過酷な暴力なのです。

人によっては言論の自由と言うかもしれませんが、都知事としての肩書きのもとにインタビューを受けた発言は公人としての性格を有し、決して言論の自由として許されるものではありません。石原氏の影響力には絶大なものがあります。こんな女性蔑視発言が都知事の肩書きのもとに平気でなされることによって、それに触発される人がどれだけいることか。その影響が心配なのです。石原氏は発言への謝罪と撤回を行なう以外にないのです」

九九年六月、日本政府は「女子差別撤廃条約」を批准後、「男女共同参画社会基本法」を施行した。この法律は、地方公共団体が、男女平等社会を実現するために果たすべき責務や広報活動について謳っている。

また、「第四回世界女性会議」以降、産む産まないは女性の権利であり、生涯にわたり健康的に生きる権利があるという「リプロダクティブ・ヘルス・ライツ」（生涯における性と生殖の権利）も、国際的合意事項となっている。

石原都知事は、公職にある以上、女性の権利に関する社会的な潮流をもっと理解すべきである。

狙い撃たれた「福祉政策」

石原氏の「ババァ発言」は、東京都下の市議会にも波紋を投げかけた。

女性市議が多い東京都小金井市議会は、石原都知事に強く反省を求め、今後、同種の発言をしないよう強く求める決議書を知事に提出している。この提案の中心となった小金井市議会議員の若竹りょう子氏によれば、石原都知事の発言は、議会政治の後退を促すものだという。

「議会政治は、まだまだ男尊女卑の世界です。議員の数だって、圧倒的に男性が多い。小金井市は比較的、女性市議が多いため（二十四人中九人）、女性議員の意見は反映されやすいです。しかし、都政の場となると、もっともっと厳しい状態が想像されますね。

石原都知事は、その発言だけでなく、政策についても女性やお年寄り、子どもなどに財政難のしわ寄せを押しつけています。子どもは女が家に入って面倒を見ればいい、老人介護も女がやればいいというように。そんな彼の考え方が政策などに細かく現われていて、腹が立ってきますね」

石原都政が実践する政策には、この言葉を裏付けるかのように、福祉などの切り捨て案が驚くほど盛り込まれてきた。老人医療費助成（マル福）と老人福祉手当の廃止、シルバーパスの全面有料化、ひとり親家庭医療費助成の自己負担、児童育成手当の所得制限強化、さらに乳幼児医療費助成に関連する入院給食費助成や重度障害者手当などの軒並み削減といった、行政の助けをもっとも必要とする人々への手当を狙い撃ちしたかのような政策が実施されてきたのである。

セクシャル・ハラスメントの調停にあたって、訴訟費の一部を都が無利子で貸し付けるという支援制度にいたっては、石原知事の政策のもと、たった二カ月のモデル施行後、突然打ち切られている。

また、石原都知事は将棋の米長邦雄氏との対談で、「（女性が）たいして稼いでいない場合、子どもを保育所に預けるほうが、一人当たりよっぽどカネがかかる。その分、母親が家庭にいてくれたほうが社会も子どもも助かるんですが、みんなちかごろパートなどで働きに行くんですね」「金の面だけでいえば、パートで月せいぜい15、6万稼ぐんだったら、子どものそばにいてくれる母親に助成金を出したほうが、東京都も財政的によっぽど助かるんですよ」（『東京の窓から日本を』文春ネスコ）とも述べている。

この発言も、まったく時代に逆行するものだ。日本共産党都議団幹事長の木村陽治氏は、こうした石原都知事のもとでは、議会制民主主義が歪《ゆが》められるのではないかと危惧する。

「石原氏がどういう政治的信条を持とうが自由ですが、それを知事としてストレートに都政に持ち込むのは別問題です。石原氏の共産党嫌いは有名ですが、我々が福祉の切り捨てや、こうした女性蔑視問題で異議を唱えても、真面目に答弁をしない姿勢には疑問を感じますね。我々から出された議案を、共産党だからといってはなっから毛嫌いし、ちゃんと取り合わない姿勢では、民主主義政治が行なわれているとはいえない。

今回の女性蔑視発言は、無責任なオヤジが飲み屋で放談するくらいならともかく、都知事としては許されることではないのです。年配の女性に対する蔑視と敵意が感じられ、こういった発想を持った人物が、高齢化社会へ向かう東京都の高齢福祉を進める最高責任者なのか……という現実に思い至ると、思わず寒気がします」

本当はムネオ体質

木村議員が指摘したとおり、今の都政にはたしかに歪みが生じている。東京都のある職員は、そこにはマスコミも大きく関係していると語る。

「都庁の記者クラブは、石原都知事の顔色ばかり窺《うかが》っていますよ。彼を怒らせるような質問をすると、平気で石原氏はそのマスコミの本社へ電話をして、担当を替えろと言う。彼は作家でもあるから、多くのマスコミが悪く書きません。作家というものがそんなに偉いものなのかと、日本のマスコミの姿勢に呆《あき》れています」

　二〇〇一年七月、宮崎県が協賛したヨットレースに招かれた石原都知事は、報道陣から出た「公務出張でのヨットレース参加に疑問の声があるが」との問いに立腹。知事は「私が（宮崎県が）来てくれと言うから来た。ついでにヨットに乗るのがどこが悪いんですか」などとまくし立てた後、「君ら（報道陣）が悪い。帰る」と、翌日に出席予定であったレセプションをキャンセルし、宮崎県が慰留したにもかかわらず、帰ってしまったのだ。

　現場を目撃していた記者は、

「主催者が別に、ちゃんと石原軍団の舘ひろしさんを呼んでいて、はたから見るとまったくプライベートのヨットレース参加という感じでしたね。報道陣から、公費出張でのヨットレース参加の是非を問われると、顔色が一変して、『帰ろう、帰ろう』と大声でわめき立てたんです。おまけに若い記者を脅しまくる。これじゃ、鈴木宗男と変わらないいんじゃないかと感じました」と当時の様子を語る。

　石原都知事の人物像を取材していくと、何人もの都職員から「鈴木宗男と似ているかも」という声が聞かれた。問われると激怒する、異議を唱えてくる者は脅す。その方法がまた尋常ではなく、自分の人脈を駆使して、平気で脅しをかけてくるというのだ。

都議会議員の新井美沙子氏は言う。

「知事が示した今年度の予算案を見ると、再開発事業や臨海副都心開発など、多くの公共工事に使われています。その反面、福祉や教育などは削減されている。そして、園中道、外郭環状道路、首都高速中央線の三環状道路の建設には、莫大な工事費がつぎ込まれることになるのです。知事は『国が出してくれるんだから何も拒むことはない』と言いますが、実際には直轄事業負担金などのかたちで、都財政をつぎ込むことになるのです。

これでは、古い体質の政治とどこが違うのでしょうか。従来どおり、建設業を中心とした公共事業にばかり予算を使うやり方を推進しているだけです」

意にそぐわなければ恫喝する、そして公費を土木建設業中心にバラ撒く政策は、たしかに鈴木宗男とさほど変わらないような気がする。唯一、鈴木宗男と違うところは、作家だからか難解な言葉で詭弁《きべん》を弄することができるという点だろう。

「差別発言」の陰に隠れた安易な政策

「東京都の財政難を緩和するために、天下りのポストとなっている東京都の外郭団体を一律見直せという指示が知事から出たのですが、結局、合併はあったものの、廃止されたのは、外郭団体の圧力が弱い東京都女性財団と東京都福祉財団の二つだけです。この結果を見ても、石原都政は弱者に厳しいことがわかると思いますが、とくに福祉の切り捨てなどで、障害者を抱えた家庭などに大きな弊害が出ることが心配されます。石原氏は、東京都を一つの会社として見るならば、有能な社長なのかもしれません。しかし、都は行政です。儲からないものは切り捨てる、そんな姿勢では弱者だけが取り残されてしまいます」（前出・若竹小金井市議会議員）

石原知事の蔑視発言は、なんと弱者である障害者にも向けられたことがある。都知事になってすぐ、心身に重い障害のある人たちの治療にあたる施設を視察して、「あいう人（重度心身障害者）ってのは人格あるのかね」「ああいう問題って安楽死につながるんじゃないかという気がする」などと、信じられない暴言を吐いたことがあった。

「二十年以上前になりますが、熊本の水俣《みなまた》病視察に訪れたときも、患者らが石原氏に渡した手紙について、『これを渡した人はＩＱが低い人たちでしょう』と言ってのけたこともあるから、このくらいの言動には驚きませんが、石原氏は自分の発言が問題になると、なんだかんだと作家っぽい屁理屈をこねてくる。そして自分の言ったことには、何の責任もないかのように逃げるのが常套手段です。そして、マスコミの責任にするのも、いつもの手口です」（前出・記者）

重度心身障害者の施設を視察したときの、この発言はやはり問題になり、障害者を抱える多くの父母たちから抗議が殺到した。しかし、このときも、石原氏本人は、マスコミが歪曲したと、マスコミのせいにして逃げた。そして、女性蔑視発言の一件でも、松井教授との対談がどのように編集されているかわからない（つまり、テレビ局の編集によって、石原氏が聞いたという松井教授の話がきちんと放映されていない）として、議会でも弁明している。

「三国人」発言や身心障害者への思いやりのない言葉の数々、そして今回の「ババァ発言」と、問題発言はすべて、弱者や痛みを持った人々に向けられている。そして何よりも、その政策自体が弱者に厳しいものになってきた。石原都政に点数をつけるとしたら、という問いに、前出の主婦は、期待はずれの五十点と答えた。実績として評価できるのはカラス対策だけ。銀行税の導入も失敗し、何一つ、大きな公約を果たしていないのではないかと思う、と主婦は語る。

都民は石原慎太郎の熱烈な個性に惑わされることなく、そろそろ冷静に石原都政への評価を下す時期にさしかかっているのかもしれない。

【景観破壊、ヒートアイランド現象、地上げまがいの開発】
東京が壊れる！　石原都政が強引にすすめる再開発の〝盲点〟

椎名玲（ジャーナリスト）

「都市再生特措法」で東京中がビル街に

石原慎太郎・東京都知事の進める政策によって、東京の景観がまた大きく変わろうとしている。今、東京都ではバブル期に匹敵する勢いで、東京駅前や品川地区の旧国鉄の払い下げ跡地をはじめ、大規模再開発によるビルの建設ラッシュが起きている。そのほとんどがオフィスビルだが、そのため二〇〇三年のオフィス供給面積は一七二万平方メートルにも達するという。

こうして東京の臨海地区を中心に、八重洲、日本橋、丸の内、秋葉原、品川、五反田と、どんどんと摩天楼がそびえ立とうとしている。コンクリートとガラスに囲まれた新しい街を見ていると、まったく人の匂いがしない。しかし、これが石原都知事の望んだ東京の姿なのだ。

二〇〇二年九月六日、東京・丸の内の新装「丸ビル」がオープンした。各マスコミもその宣伝に一役買っているようだ。しかし、果たしてこのビルのオープンは、それほど喜ぶべきことなのだろうか。むしろ今後の東京の惨状を暗示するものとはいえないだろうか。これから先、この丸ビル以上の超高層ビルが、東京中にニョキニョキと乱立するのは時間の問題だ。江戸情緒を残す町並みも、地域の商店主たちが長年かけて作り上げてきた庶民的な商店街も消え、不気味なほど巨大なビルだけが東京中を埋め尽くす。その青写真は、もうできているのだ。

青写真の始まりは、二〇〇二年三月、小泉内閣の肝いりで「都市再生特措法（都市再生特別措置法）」が十年間の時限立法として成立したことだった。この法律を受けて、政府は七月二日、都市再生本部の会議を開き、そこで緊急整備の必要ありとする東京・大阪・名古屋・横浜四大都市内の十七カ所を「都市再生緊急整備地域」に指定した。対象地域のなかの「特別地区」に指定されると、戸建て住宅の立ち並ぶ地区でも、ディベロッパーの再開発計画によって周辺住民の意向を無視した高層ビルを建てることが可能になる。

注目すべきは、その指定地域の大半が東京都に集中していることだ。その広さは二四〇〇ヘクタールにも及ぶが、これはJR山手線内部の四割近い広さに相当する。港区などは区の半分もの地域が指定されている。しかも、東京都は都条例によって、「環境アセスメント」の大幅な緩和条項まで定めてしまった。今までは高さ一〇〇メートル以上かつ延べ床面積一〇万平方メートルだった環境影響評価制度の基準対象を、いっきに一・五倍に緩和したのである。

いったい、なぜ東京都でこのような大規模な再生計画が決定されてしまったのか——それは、石原慎太郎都知事が、国が決めた都市再生計画に手放しで賛同しているからにほかならない。

たしかに、今回の計画を推進する母体の都市再生本部本部長は小泉総理である。しかし、国は各自治体から挙がってきた候補地を指定するというカタチをとっているため、地域の指定は自治体が行なっている。東京都の場合は、都庁知事室の政策部が受け持ち、石原知事が最終的な判断をして国に提出した。知事室という密室の中で、この緊急整備地域は決定されたのだ。

住民無視の石原流「実行力」

知事室で指定地域が決められた後の対処も横暴だった。

六月二十八日金曜日夜、各区長のところに、緊急整備指定地域の知らせが、いきなりファクスで送られてきた。そこには「来週月曜日には返事を返すように」と書かれていたという。これでは、それぞれの区が、会議を行なって意見をとりまとめる暇すら与えられていないことになる。そして、七月二日火曜日には、緊急整備地域が決定されてしまった。このことは、石原都知事のファシズム行政を象徴する出来事といえはしまいか。しかも、驚くことに、指定地域の具体的な住所は七月二日の決定まで公開されなかった。それ以前には、予定地域の大雑把な地図が一部の新聞や都のホームページに小さく掲載されただけで、住民の意見を求めるような具体的な説明会なども行なわれていない。

実は緊急整備地域が決定する前に東京都庁の知事室に電話を入れ、「予定地域の具体的な住所を教えてほしい」と訊ねたのだが、いっさい教えてはくれなかった。さらに、指定地域決定後も「なぜこの地域を指定したのか、その討議の議事録を公開してほしい」と頼んだのだが、これも非公開と突っぱねられてしまった。

今回の都市再生計画では、「手続きの短縮」という名目で、自治体は民間企業から提案があった場合、六カ月以内に計画を認めるかどうかの判断をすることが義務づけられた。従来は、住民などの意見を踏まえて行なわれていたために二年以上かかっていた都市計画の手続きが、これで大幅に短縮されることになったのである。このことは、自治体が許可さえすれば、住民の意向などかまわずに企業の方針でビルが建ってしまうことを意味する。

しかも、指定された地域内では、今まであった都市計画の規制をすべて白紙にする「都市再生特別地区」なる制度も創設された。これによって、今まで十階建て程度のビルしか建てられなかったところに、いっきに五十階建てのビルを建てることも可能になった。しかも、住民の三分の二が賛成であれば、あとの三分の一が反対しても、建設業者は強制的に反対派の住民を立ち退きさせる権限を持つことになった。これほど強制的かつ無謀な計画を、地域住民にも公表せず、石原都知事は一方的に進めてしまったのだ。

指定地域の一つである赤坂一ツ木通り商店街振興組合の理事・小宮邦夫さんも、今回の決定は寝耳に水だったという。

「地域住民には何の相談もないんですよ。これほどの強制権を持つならば、事前に住民に充分な説明をし、合意を得るべきです。土地の強制収用権が民間業者に与えられてしまうなんて、日本は本当に民主主義の国なのでしょうか」

東京が「灼熱地獄」に！

自分の住んでいるところは対象地区でないから、周りにはビルが建たない、オフィスがいくらできても自分には関係ない、と安心するのは早計だ。都心にこれ以上ビルが建てば、それだけで環境面の悪化が心配される。とくに問題なのが、最近よく耳にするヒートアイランド現象だ。

夏の昼に、太陽熱によって熱せられた舗装道路、建物のコンクリートなどの表面温度は六〇度にも達することがある。加えて、冷房時間の増加により、その排熱がまた外気を温める。これが夜間まで蓄熱され、都心部の温度はなかなか下がらない。気温の分布を地図上で見ると、都心部に高温部が形成され、郊外に行くにしたがって低温となり島状の模様が描かれることから、この現象は「ヒートアイランド（熱の島）現象」と名付けられた。

早稲田大学理工学部建築学科教授で、一九七〇年代に『熱くなる都市』（NHK出版）を著わし、すでにヒートアイランド現象に警鐘を鳴らしていた尾島俊雄氏は、「都は目先の経済活性化を目論んでいるにすぎず、山のごとく立ち並ぶビルが環境に及ぼす影響について、評価をまるでやっていない」と語る。

東京に住んでいる人間なら理解できると思うが、もはや東京都の夏の暑さは尋常ではない。事実、東京の平均気温はこの百年間で約三度も上昇している。世界の平均気温の上昇値は約〇・六度（気象庁による）だから、地球温暖化をはるかに上回るペースなのだ。そして、熱帯夜の日数は一九三〇年には七日にすぎなかったのに、現在では三十日以上を記録している。ほぼ夏の間中、連日連夜、真夏日・熱帯夜が繰り返されているのだ。

東京都が提唱するヒートアイランド対策の一つとして、敷地面積一〇〇〇平方メートル以上の民間施設（公共施設では二五〇平方メートル以上）を新築する際に義務づけられたのが、屋上などの緑化である。しかし、屋上緑化にはコストがかかる、技術がいまだ確立されていない、などと実務面からも問題点が指摘されている。また、利用可能な面積の二割以上を緑化する程度では「焼け石に水」という声も聞かれる。

さらに、そもそも制度自体に異議を唱えるのが、東海大学工学部建築学科の田中俊六教授である。「美観面、心理的効果は否定することはないが、エネルギー的に見れば屋上緑化には費用に見合う効果はない。新たな公共事業が生まれるだけのことです」と手厳しい。

屋上緑化によるヒートアイランド緩和については、都は明確な実測データをいまだ示していない。

「屋根を白く塗って、日射を反射させ、都市の受熱量を減らす。屋根の断熱を充分にして室内への熱の流入を防ぐほうがはるかに安価で確実。蒸散冷却効果をいうなら、屋上緑化より、同じ作用である屋上の冷却塔の方が数倍大きい。屋上緑化を義務付けする必要があったのだろうか」（田中教授）

国は屋上緑化による固定資産税の軽減措置（五年間、課税標準を二分の一とする）を定めており、東京都でも屋上緑化面積相当の床面積を容積率として割り増す容積率緩和を打ち出している。しかし、現行の条例下では、建物施工時に一時的に屋根を緑化し、その後メンテナンスを施さない「やり逃げ」的な屋上緑化も野放しの状況だ。「指摘される制度の不備などについては今後、改正も含めて検討中であり、平成十四年度から屋上緑化のヒートアイランド緩和に関する検証を行なっていく」と都環境局の担当者は対応について語っている。

しかし、当然のことながら、現在建てられている高層ビル、そして緊急整備地域に指定された地区に建設するビルにも、この安易な容積率緩和条件が適用されることになる。

かつて東京では、江戸城を中心に張り巡らされた水路によって、潤いのある都市づくりが行なわれてきた。水面や緑は憩いの場であるだけでなく、海からの風を通す道であった。そして、街の界隈や路地には多世代にわたるコミュニティが形成され、生産や文化の礎《いしずえ》となった。そのような情緒は、ある意味では人間の都市活動や環境を支える重要なインフラストラクチャーでもあったのだ。

では、今の東京の都市づくりに、そのようなビジョンが見えるだろうか。企業を助けるばかりで、住民不在の都市に魅力が生まれるだろうか。前出の尾島氏の言葉を借りるならば、「みんなが東京を、諦めて出ていってしまう」恐れも生まれる。東京が人の住める街ではなくなるかもしれないのだ。

行政の立場で都市開発に携わっているある人物は、東京の都市開発についてこう懸念する。

「今回の都市開発計画は、中曽根内閣時代のアーバン・ルネッサンス計画よりもたちが悪い。あのときは、環境面を考えたうえでの反対意見などがもっと活発に交わされていました。しかし、今度は大した議論もないまま、どんどん開発を進めようとしています。それに、今までは無謀な計画に地方自治体がストップをかけることができました。しかし、今回導入された緊急整備地域に指定されてしまうと、地域行政の力は何も及びません。まして、石原慎太郎という人物は、車が好き、おしゃれな建物が好きと、自分の好みでどんどん東京を変えていってしまうような強引な人物です。ここで、都民が本気になって環境面のことを考えて都市計画のあり方の見直しを石原氏に迫らなくては、今度こそ東京はゼネコンの手で壊されてしまいます」

ニセモノの環境保護政策

ところで石原都知事は、「ディーゼル車NO作戦」と題した画期的な排気ガス対策を打ち出し、多くの都民の喝采を受けた。東京都は近隣県とともに、ディーゼル車の排ガス規制を平成十五年十月から開始するが、石原氏のその行動力には一定の評価が与えられるだろう。

しかし、このディーゼル車政策も、何も石原氏のアイデアではない。前知事の青島都政時代から準備が進められてきたところ、たまたま石原都政時にスタートを切れただけの話なのである。

「石原さんが女性に人気があるのは、このディーゼル車政策の功績が大きいんですよ。知事になって最初にした大きな仕事で、まるで『環境にやさしい知事』のようなイメージで演出していましたけど、彼が環境にやさしいなんて、とんでもない。今回の都市再生計画がそれを証明しています」（東京都職員）

前出の尾島教授はこう指摘する。

「石原知事は環境問題について、世間受けしそうなものをつまみ食いしているだけではないか。本当に環境について関心があるのか疑問です」

今、都知事に求められるのは大きな視点でのビジョンである。逼迫する東京の状況は、果たして高層ビルの建設によって解決するのか、また、それを利益最優先の民間任せにしていいのだろうか――それらをしっかりと見据えた〝政策〟が行なわれていないことだけは確かだ。

（取材協力：久保田昭子）

【これだけあるパフォーマンス優先の証拠!】

銀行税、ホテル税、都バス車体広告、カラス撃退作戦……etc.の効果を検証する!

佐々木孝明（東京財団リサーチフェロー）

石原慎太郎氏は、一九九九年四月に東京都知事に就任して以来、都民や国民の目を引くような政策や構想を矢継ぎ早に打ち出してきた。公約にも掲げた米軍横田基地の返還、銀行税・ホテル税の導入、ディーゼル車規制、カジノ構想、新債券市場の創設、カラス対策、羽田空港の国際化――。「華々しい」の一言につきる。

だが、石原氏の政策には、目を引くだけで効果が薄かったり、ほとんど進展していなかったりするものが実は多い。政策、構想それ自体に、問題や欠陥も大いにある。

石原氏が打ち出した政策、構想を検証しつつ、石原都政の問題点を明らかにしてみたい。

「敵=スケープゴート」を作って人気とり

今、石原氏を支持している多くの人が、彼の政策に望んでいることとはいったい何だろうか？　まずはキーワードを列挙してみよう。

A：安心

多くの都民・国民は、生活のさまざまな面で大きな不安を抱えている。なかでも、安全や治安に対する不安が大きい。外交や安保政策などで「はっきり」としたことを主張し、治安対策にも力を入れている石原氏は、都民・国民にとって、まるで頼れる「父親」のように「安心」感を与えてくれるのではないか。

B：透明性

社会の不透明性の広がりが、都民・国民に不安感をもたらしている。その背景の一つには、自分以外の他人が何を考えているのか、どのように行動するのかがわからなくなってきたことがある。そのなかで、たとえば「心の教育」を強調したり、外国人の不法滞在者に厳しい態度で臨んだりしている石原氏は、社会の透明性を多少なりとも高めてくれるのではないか。

C：清潔

社会の不透明性の高まりを物理的な側面から見れば、大気汚染やゴミ問題など環境悪化問題になる。石原氏には、不潔な東京を清潔にしてほしい。

D：活性化

経済の長期的な低迷に基づく「停滞感」「閉塞感」は、東京に限らない。しかし、政府が効果的な景気対策をなかなか打ち出さないなかで、石原氏なら既成概念にとらわれない大胆な経済政策を展開し、東京都を活性化してくれるのではないか。

E：財政の健全化

都民・国民の間では、財政の悪化に対する不安感も高まっている。石原氏なら、硬直化した財政構造にメスを入れ、健全化に向けた具体的な行動をとってくれるのではないか。

石原氏は、こうした多数の人の欲求・欲望に基づいて、次のような特筆すべき独特の政策手法＝行動文法をとっている。

①類《たぐい》まれな「ひらめき」あるいは「思いつき」で、
②体系的、総合的な視点からではなく、
③何か具体的な「標的（ターゲット）」を見つけ出し、あるいは創り出すことによって、

④「敵」と「味方」、「少数」と「多数（その他大勢）」、「不潔」と「清潔」といった区別を行なったうえで、

⑤後者の支持に基づいて前者を攻撃あるいは排除する、

というスタイルだ。

石原氏の政策は、個々に検証していくと、その内容・効果よりも、まずスタイル・手法ありきで始まっている傾向が見てとれる。

逆効果しかない「銀行税（外形標準課税）」

最初に取り上げたいのが、銀行税だ。もっとも注目され、かつ多くの都民にも支持された政策である。その発想はまさに意表をついており、世の中に与えた衝撃は大きかった。一方、石原氏の政策手法の問題点がもっとも明確に現われた政策でもあった。

銀行税は、一部の都庁幹部と極秘に検討されたうえで、二〇〇〇年二月七日、外形標準課税の一種として打ち出された。外形標準課税とは、資本金や売上高など、所得に関わりなく外形的な事業規模に応じて法人事業税（都道府県税）をかけるというものだ。できるだけ「広く薄く」税金をとるために、赤字企業にも課税される（総務省によれば、全国企業の約七割は赤字で法人事業税を払っていない）。

外形標準課税の導入の是非そのものについては、国政レベルでも何年も前から議論が続いている。しかし、増税が予想される産業界、とくに中小企業関係者が強く反対しており、実現には至っていない。

意表をついたのは、この税を銀行という特定の業界に絞って適用しようとしたことにある。都内に本支店がある資金量五兆円以上の銀行などを対象に、二〇〇〇年度から五年間、業務粗利益（一般企業の売上総利益に相当する）に三％を課税する、と決めたのである。

なぜ銀行なのかといえば、石原氏は「銀行は利益を上げ、しかも公的資金を受けながら、不良債権の処理による損失が多額となり税金をほとんど負担していない」と考えたからだ。

都の財政は目下、危機的状況にある。税収増によって財政を健全化するという大義名分を立て、毎年約一千億円の税収増を見込んだのだった。

石原氏の戦略は一見、大成功を収めるかに見えた。まさに、少数＝敵＝銀行を分離することによって、その他大勢の支持を獲得したからである。都議会は賛成し、多くの都民も拍手喝采を送った。波紋は全国に広がり、大阪府など、他の自治体も追随していった。

ところが、当然といえば当然だが、標的となった銀行は猛反発した。二〇〇〇年十月、二十一行（その後、金融再編で十八行に減少）が東京地裁に提訴したのである。

二〇〇二年三月、一審判決が出たが、結果は都側の全面敗訴、まさに完敗であった。裁判所は、七百二十五億円（都市銀行など十八行が納めた二〇〇〇事業年度分の税金）の返還と、「信用低下など銀行に損害を与えた」として十八億円の賠償を命じている。

判決にショックの色を隠せない石原氏は、「日本の社会の流れをまったく斟酌しない判決だ。判決には感情的な部分もあり、いちいち反論する必要もない」と述べた（編注：二〇〇三年一月、控訴審でも敗訴）。

さて、では銀行税のどこに問題があるのか？　銀行の業務粗利益に課税することが地方税法との関係でどうなのかという法律論や、課税対象者に対して事前に何の説明もなく抜き打ち的に打ち出したという手続き論からの批判などもあるが、この際、ここでは政策論に絞って考えたい。

多くの都民が銀行税を支持した背景には、銀行に対する特別の感情＝「怒り」があることは間違いない。バブル時に必要のないお金まで貸して投機熱を煽ったのが銀行なら、バブル崩壊後に、逆に必要なお金まで貸し渋って企業経営者を苦しめてきたのも銀行、という思いだ。

しかし、純粋に政策論として銀行税を見れば、単なる増収策であり、地方の課税自主権の発揮である。ところがこの政策では、短期的にはともかく、長期的には財政再建効果は期待できない。

都の財政赤字の根本原因は、都内の経済活動の停滞にある。企業活動の停滞に伴って法人事業税が落ち込んだことによる歳入減が大きい。銀行税を課して税収増を図っても、一時的に財政が潤うだけで、経済活動の活性化には何の効果もないどころか、かえって金の流れを阻害し、経済活動の停滞を持続させるだけだろう。

銀行に限らず、企業に対する税負担をできるだけ軽くしていこうというのが、世の中の税制政策、経済政策の流れである。企業に対する増税策は財政再建に効果的ではない。国の政策でも同じことで、資本や技術を呼び込むために計画されているさまざまな「特区」構想がなぜ今出てきているかを見れば、それは明らかである。石原氏には、財政再建と経済の活性化と税制に関して、体系的、有機的に捉える思考が欠けているといえるだろう。

このまま裁判に負ければ（その可能性が高いといわれる）、都民の税負担は後で重くなるだけだ。経済効果も期待できず、経済活動の停滞が続くとなれば、事態は多数の都民が望んでいることと逆の方向に向かっていくだろう。自治体の課税自主権を行使し、国や他の自治体に問題を投げかけた点では一定の評価ができるものの、政策効果を考えるとマイナス要素が上回るだろう。

思いつきにすぎない「ホテル税」

特定の業種を狙い撃ちした政策としては、ホテル税もある。

ホテル税とは、一泊一万円以上一万五千円未満の宿泊に百円、一万五千円以上には二百円を課税しようというものだ。税収は全額、東京の観光振興に使われることになる。二〇〇二年十月より実施される予定だ。ちなみに、宿泊に税を課すのは全国初の試みである。

これには当然、都内の旅館業界が反対を表明した。ほかの地方自治体からも反発の声は上がり、鳥取県の片山知事などは「東京に来てほしくないメッセージだ」とまで発言している。それに対して石原氏は「恥をかくのはテメエのほうだ」「安い宿なら紹介するよ」と応酬、品のよくない非難合戦が繰り広げられた。

だが、ホテル税を政策として見た場合、それほどの効果は期待できない。肝心の税収増は年間十五億円程度が見込まれるにすぎず、財政健全化への効果はきわめて小さい。都は、税収の全額を観光振興に充《あ》てようと考えているようだが、ホテル税によって東京に対する観光客の心証が悪くなることを考えると、振興に結びつくかどうかははなはだ疑問だ。

全国の各地域や各都市が、観光客やビジネス客を引き寄せようと、さまざまなインセンティブ（動機付け）や、魅力を高めるためのアイデア・施策で切磋琢磨するというのなら理解できる。だが、ホテル税にはそうした努力がまったく感じられない。ほかの地域や都市の人々の反発を招くだけだ。

特定の業種・分野を狙い撃ちした石原氏の増税策としては、ほかにも、産業廃棄物一トン当たり二百五十円を課す産業廃棄物税や、パチンコ新台一台につき一万円を課すパチンコ台税、仕事で東京に来て、夜は周辺県に帰るいわゆる「昼間都民」に一人当たり三千円の企業課税を行なう案などがあるが、いずれも進捗していない。

石原氏は、さらに特定の業界や分野を敵に見立てた新税を思いつくかもしれない。そして、その度ごとに、都民は拍手喝采を送るかもしれない。しかし、思いつきだけでは、財政再建という本来の目的には達しない。一時的な爽快感をもたらすだけの政策にしかならないだろう。

「都職員の給与削減」はポーズ？

石原氏は就任直後に都職員組合と交渉し、二〇〇〇年度から全職員の給与四％（局長以上は五％）、期末手当八・六％の削減を二年間実施することで合意した。都職員には「歩合給で（働くぐらいの覚悟で）汗をかいてもらう」というわけだが、これが本当に実現すれば、一年間で削減される財政支出は七百億円程度とみられる。また、さらに二〇〇一年十二月、石原氏は管理職だけの給与をさらに削減する条例改正案を提案したが、都議会から「不況下で（管理職だけの給与削減なら）都民の理解を得られない」という声が出て、結局、全職員の給与削減を一年間延長することにした。

これらの措置は、要は身内である都職員自体を標的とすることによって、その他大勢の都民を味方にして支持を得ようというものだろう。ただ、こちらもやはりその効果のほどは疑わしい。本当に財政支出を減らそうとするなら、都職員の人員削減（リストラ）に踏み切るべきだろう。

しかし、石原氏は職員を全面的に敵に回す気はないようだ。都民の味方であることを示すための、ちょっとしたポーズに終わる可能性が高い。

経済効果の薄い「都バス車体広告」

石原氏は、「空気を運ぶよりは動く広告塔として利用したらどうだ」と、都営バスの車体に広告を載せて、広告料を集めようと提案した。これは二〇〇〇年四月より実施され、前面、窓、屋根以外がすべて広告シールで覆われたバス（ラッピングバス）が走ることになった。ほかのさまざまな大型公共機関へのラッピング広告も始めている。

都バスの車体を広告として使うという発想は奇抜で、デザインや色彩についての批判は一部あるが、都民の反応はそれほど悪くはないようだ。しかし、肝心の増収効果は約六億と大した額ではない。

それよりも、公共サービスが商業化・ビジネス化することが本当に良いことなのかどうか、考えてみるべきだろう。都がビジネスに近いことをしなければ維持できない公共サービスとは何だろうか？　東京都が出資している「東京メトロポリタンテレビ（東京ＭＸテレビ）」が赤字を垂れ流し続けていることを見ても、都のビジネス能力が高くないことは明らかなのだが。

問題だらけの「お台場カジノ構想」

石原氏は、都知事就任直後の九九年五月、「臨海副都心にカジノを作りたい」と「お台場カジノ構想」を発表した。カジノとは、スロットマシンやルーレットなどを備えた賭博ゲーム施設だが、都は、カジノが収入増をもたらすのみならず、観光資源の一つとして都の経済を活性化させ、雇用の拡大をもたらす起爆剤になると考えている。カジノは世界百二十六の国・地域で開設されており、「百万都市にカジノがない先進国は日本だけ」だという。

石原氏は本気のようで、二〇〇二年度予算にカジノ構想の調査研究費を初計上した。二〇〇二年五月末には港区台場周辺も視察している。

一方、このカジノ構想について、国は刑法百八十五条（単純賭博）との関係から消極的で、石原氏は世論喚起を図るため、ほかの知事への働きかけを強めている。二〇〇二年七月、沖縄県名護市で開かれた全国知事会で、都は「カジノを全国で実現するため、地方自治体が声をそろえて国に法整備の要求を」と「カジノ連合」の創設を緊急提案した。静岡県（「利益をサッカーくじのように文化芸術や青少年育成に生かすことが必要」）、宮崎（「国際化に資する」）、大分、沖縄、大阪などが理解を示した一方で、兵庫県（「地域振興のためにカジノを導入するほど落ちぶれたくはない」）や福島県などが反対したため、結局はまとまらず、知事会議の要望事項にも盛り込まれなかった。

国レベルでも動きはある。自民党の中堅・若手議員が「カジノと国際観光産業を考える会」（野田聖子会長）を結成し、勉強会を始めた。議員立法化も検討しているという。

だが、カジノが税収増をもたらすかどうかは疑問である。下手をすると維持運営費がかさみ、かえって赤字を増やすかもしれない。地方の公営ギャンブル（競馬など）が経営難のため相次いで閉鎖されていることを考えると、カジノだけがうまくいく保証がどこにあるのだろうか？

雇用創出効果にしても根拠が乏しい。ホテルや商業施設などの新規雇用が増えるというが、東京湾岸付近を含めてホテルはすでに飽和状態にある。二十兆円規模といわれるパチンコ産業が低迷するなかで、代わって巨大なカジノ産業が創出できるというのか。仮に創出されたとしても、パチンコとの顧客の奪い合いに終始するだけではないか。

何よりも、カジノ周辺の住環境の悪化、犯罪の増加、青少年の勤労意欲の低下といった副作用を考えると、石原氏の進める東京のクリーン化、安心化路線とは整合性がとれない。

看板倒れだった「新債券市場の創設」

石原氏がブレーンとともに考え出したのが、中小企業向けの新債券市場の創設である。これは、担保物件の不足から充分に資金調達のできない中小企業にお金が流れる仕組みを作ろうとしたものだ。アメリカのジャンクボンド市場をモデルにしている。間接金融（銀行などから融資によって資金を調達すること）から直接金融（企業が株券などを発行し直接市場から資金を調達すること）への流れを加速させる狙いもある。

この政策は、技術力のある中小企業を育てることによって経済を活性化させる目玉商品として打ち出されたが、実現化の過程で、思惑とはずいぶん異なったものとなってしまった。当初は、投資家が自己責任でリスクを負うようなハイリスク・ハイリターン型の市場を想定していたのだが、結局、東京都信用保証協会の保証付きローン担保証券だけを取り扱うことになってしまった。投資家にとっては、都の保証が付いている点では安心だが、リスクを都民に押しつけるかたちになってしまったわけだ。

この政策は、つまるところ安心の分散化策にすぎない。折衷案的にこの種の債権市場を作ったところで、経済の活性化に資するような企業経営者や投資家は生まれないだろう。構想の発案者自身もすでに退任しているうえ、今後、この新債券市場が大きく発展していく見込みはない。

先ごろ、ナスダックが日本市場からの撤退を発表し、小手先の政策では日本の資本市場が活性化しないことを教えてくれたばかりである。

中途半端な「ディーゼル車NO作戦」

「乗らない、買わない、売らない」のスローガンで始まったのが、石原氏の「ディーゼル車NO作戦」だ。石原氏は国会議員時代、運輸大臣と環境庁長官を務めたこともあって、交通と環境にまつわる政策には熱心である。そこに財政再建の要素を加えて、ディーゼル車規制のアイデアが生まれたのだろう。

都の構想は、二〇〇三年十月から、都内を走るディーゼル車に浮遊粒子物質の除去装置を義務づけようというものである。違反者には、走行禁止や氏名の公表、最高五十万円の罰金が科される。他府県から都内に入る車も規制される。

さらに、大型ディーゼル車高速道路利用税も構想されている。一回の通行につき百～二百円を、都と神奈川、埼玉、千葉県がそれぞれ課税するというものだ。税収規模としては約五十億円が見込まれ、首都圏の大気汚染対策に充てる計画だともいう。

石原氏は、黒い煤《すす》のような浮遊粒子物質が入ったペットボトルを携えてメディアで訴えた。そうしたパフォーマンスのうまさもあってか、この政策への都民のウケはいいようだ。

しかし、政策効果としてはどうだろうか。他の自治体や国との連携がどこまで進められるかということに始まり、検査やチェックのための費用がバカにはならないこと、ディーゼル車の自動車全体に占める割合が二割程度と低く、効果が限定的であること、浮遊粒子物質除去装置の実用化には時間がかかりそうだということ、メーカーの負担が物流コストの高まりとなって跳ね返ってくることなど、すでに多くの問題点が指摘されている。

環境対策は、やはり燃料電池電気自動車の開発も含めて、国全体で取り組むべきテーマである。物流（経済の活性化）、環境対策（清潔化）、財政健全化それぞれを結びつけた体系的な政策が必要なのである。その意味では、石原氏の政策は、一部だけを考えた不充分な政策だといえる。

効果の出ない「カラス撃退作戦」

石原氏は、人間以外にも敵＝ターゲットを見つけた。カラスだ。八五年ごろには約七千羽だった都内のカラスが、いまや三万羽といわれる。カラスが人を威嚇したり襲撃したりする被害も急増している。

石原氏自身が大のカラス嫌いということもあって、カラス撃退作戦が始まった。当初は、巣や卵の除去とヒナの処分をしていたが、カラス被害はいっこうに収まらず、成鳥の直接的な駆除に踏み切った。ところが、それで効果が出ているかといえば、そうではない。どうやら、焼け石に水のようなのだ。

カラス増加の背景には、生ゴミの増加がある。そこで、エサであるゴミを断つ兵糧攻めがカラス退治には最適だと考え、石原氏は、夜間のゴミ収集の実施を区市町村に依頼した。しかし、人件費の高さなどを理由に、反応はあまり芳しくないようだ。ここでも、体系的、総合的な視野の欠如が露呈してしまった。

話題作り先行の「原宿留置場建設計画」

石原氏は、治安対策にも熱心である。三国人発言にもみられるように、外国人犯罪の増加にも敏感だ。石原氏は、検挙件数アップと、いまや満杯状態になっている留置場の増設を考えた。

二〇〇一年十月、新聞報道によって、原宿駅近くの日本社会事業大学の旧跡地二万四〇〇〇平米での、原宿署新庁舎と留置場（約六百〜八百人を収容可能）の建設計画が明るみに出た。留置場の建設と運営の一部にＰＦＩ方式（民間資金を活用した社会資本整備の方法）を採用するともいう。

これに対して、地元、原宿周辺の住民から反対運動が起こった。石原氏は「（地元の反対運動は）地域エゴだ。都民、国民の一人として考えてほしい」「治安は都全体の問題」と強硬な姿勢をとっている。

土地がたまたまそこにあったこともあるが、原宿という、都心のど真ん中にある若者にも人気の街を選ぶとは、さすがに意表をついた話題作りがうまい石原氏ならではのアイデアだ。

ただ、銀行税創設やカラス撃退策と同じように、問題の根本的な解決につながるかどうかは、はなはだ疑問である。犯罪急増の現状を手っ取り早く処理する効果はあるだろうが、犯罪そのものを抑止する力があるかどうか。パフォーマンスに目を奪われてはならない。

政策にもなっていない「横田米軍基地の返還」

都知事選で公約として掲げ、大きな話題を提供したのが「横田米軍基地の返還」である。「基地はもともと日本の領土だから、日本に返せ」というわけだ。

横田米軍基地は、在日米軍司令部がある場所で、とくに米空軍の極東における主要中継基地となっている。滑走路は一本で、基地は福生《ふっさ》市など都西部の五市一町にまたがっている。

その後、この「返還」要求はトーンを下げ、横田基地空港の「軍民共用化」要求へとなっていった。羽田、成田空港の発着枠が限られるなか、航空関係者の間でも、「首都圏第三空港」の誕生に期待する声もある。

だが、政策として考えた場合はどうだろうか？　まず致命的なのは、基地は国有地（正確には都有地が一％）なので、都が返還を要求すること自体おかしいということである。この点では、日本政府や米軍を牽制する効果しかない。

軍民共用となれば、騒音の問題もバカにならない。基地周辺には住宅が密集している。軍民共用化が実現した場合、軍用機に加えて民間機による新たな騒音問題が発生することは間違いない。米軍基地を民間利用するための日米地位協定の改定作業に加え、空港までの交通網や空港ビルの整備に相当な期間がかかるという問題もある。返還されるにしても、軍民共用化にしても、都民・国民の生活がどのように改善されるのかが具体的に示されなければ、世論を動かすことにはならないだろう。

これは、米国に「NO」と言ってみたいがために横田米軍基地を標的にして多くの都民の支持を得ようとしたものの、それほど賛同が得られず、腰砕けに終わってしまった政策である。あるいは、政策以前の単なる「意見」かもしれない。

石原主導では進展しない「羽田空港の国際化、再拡張」

空港といえば、石原氏は「羽田空港の国際化」が持論である。都知事になってからも、さまざまな場で主張している。扇千景国土交通相も「羽田は国内線、成田は国際線」という役割分担を見直すべきだとして、石原氏を援護射撃している。

本格的な国際化は当面難しいが、夜間の発着便やチャーター便などに限ってはすでに門戸が開かれ、少しずつ国際化に向けた動きが出ているのは確かだ。四本目の滑走路を建設する羽田空港の再拡張プランも進行している。

首都圏の空港容量が近いうちにパンクする可能性が高いことを考えると、羽田空港の国際化および機能の拡充そのものには異論ない。多くの人の便益が向上することも間違いないだろう。

ただ、石原氏が音頭をとると、成田空港を持つ千葉県、首都圏第三空港に絡んでいる関東各県、騒音被害が増すことが予想される地域住民、首都圏の西の空を広く覆って管制エリアを持つ米軍など、多くの利害関係者が過度に先鋭化してしまい、なにかと余計な摩擦が生じがちである。敵（たとえば、成田空港、地域住民、米軍）と味方（たとえば、羽田空港、多数派の都民・国民、日本政府）を明確に分けて、徹底的に敵を追いつめていくという手法をとりがちだからである。空港問題が真の意味で解決・進展に向かうか、実に心もとないのだ。

ゼネコンのための「ＩＴ都市」

石原氏は、電気街として世界的にも有名な秋葉原地区の再開発計画を打ち出している。二〇〇一年十二月、秋葉原駅近くにある旧神田市場跡の都有地（約一万六〇〇〇平米）を「秋葉原ＩＴセンター（仮称）」として整備するため、民間事業者に売却すると発表した。ＩＴ関連産業の世界的拠点にするためだ。

ところが、応札したのは大手ゼネコン（総合建設会社）の鹿島を中核とする一グループのみで、応札価格も都の設定した下限価格（最低価格）の約二倍に上る数百億円だったため、決定過程に不透明な部分あり、と指摘されている。

また、都が作成した「秋葉原地区まちづくりガイドライン」の概要を見ても、よくある再開発計画の域を出ておらず、お飾り的にＩＴという言葉を冠につけた感は否めない。

秋葉原には電子情報分野の商業施設がたしかに多い。しかし、裾野の広いＩＴ産業が発展するためには、大学などの研究・開発機関、ソフト産業、コンテンツ産業、情報通信メーカーなどとの有機的な連携が必要である。建物を作っただけではＩＴ産業は興らない。戦略がまったく見えないまま、大手ゼネコンによる開発事業だけが目立つ計画になっている。

一部（この場合は秋葉原・ＩＴ）を取り上げて、その開発・振興が全体（都民・国民）にメリットを与えるといいながら、実のところ怪しく、別の一部（この場合はゼネコン）のメリットしか生まれない可能性が高い政策といえよう。

「防災訓練」のカン違い

石原氏の自衛隊好きや軍隊好きが昂じ、防災と防衛の区別がつかなくなってしまったのが、毎年九月初めに東京都で行なわれている総合防災訓練「ビッグレスキュー」だ。

とくに話題となったのが、二〇〇〇年九月に実施された「ビッグレスキュー東京二〇〇〇～首都を救え～」である。参加人数および予算規模ともに例年より大幅に拡大して行なわれた。各地の自衛隊部隊から、25ミリ機関銃を搭載する装甲車、揚陸輸送艦、ヘリコプターなどが動員され、銀座など東京の市街地を舞台にさまざまな訓練が実施された。

しかし、防災訓練というより軍事演習の色彩が濃い内容で、例年主役を務めていた消防庁は脇役に回ってしまった。「事実上、自衛隊の訓練なのに、都が違法な公金を支出した」として住民訴訟も起きている。

石原氏自身、かつて雑誌の対談で、「（災害時の陸海空の大演習について）北朝鮮とか中国に対するある意味での威圧にもなる。……せめて実戦に近い演習をしたい。相手は災害でも、ここでやるのは市街戦ですよ」（『Ｖｏｉｃｅ』九九年八月号）と言っている。発言の内容をそのまま実行したのだろう。

しかし、防災と防衛との区別を明確にしないまま、なし崩し的に自衛隊が防災訓練に投入されたともいえる。

どこに消えたか？「首都移転問題」

東京都知事が首都移転に反対するのは当然といえば当然だが、石原氏自身が、国会議員の時代からこの問題を意識していたわけではない。そもそも問題意識を持っていたかどうかも怪しい。しかし、東京都民全体を味方につけるのに最適なテーマなだけに熱心にならざるをえない。

首都移転の問題は、国政レベルでもすでに風化しつつある。東京への人口と機能の過剰な集中、集積を排除するという当初の移転理由に説得力はない。防災対策、経済効果、行革効果などの理由も同様である。

しかし、その反対理由として、石原氏のように、皇室や天皇に迷惑・不便がかかることを強調しすぎるのはどうだろうか。都市のあり方に関する政策的議論を抑制してしまう恐れはないだろうか？

首都を丸ごと移転するのではなく、地方分権との絡みで、いくつかの国家機能を地方に分散する案もある。多様な可能性を排除してしまってはならない。

余計なお世話の「心の東京革命」

不透明な社会を透明にするためには、何を考えているのかわからなくなった子どもの心を変えることが必要だ――石原氏が、そう考えて始めたのが「心の東京革命」である。

「次代を担う子どもたちに対し、親と大人が責任をもって正義感や倫理観、思いやりの心を育み、人が生きていくうえで当然の心得を伝えていく」と言っている。聞こえはいいが、要は、大人の価値観を子どもに押しつけようという考えだろう。

だが、それよりも、大人社会そのものの規範がどうしてこんなにも乱れているのかを、先に考えたほうがいいのではないだろうか。

以上、石原東京都知事の政策をざっと見てきた。もちろん、このほかにもたくさんある。しかし、すでにおわかりだろう。何かと話題を提供してくれる石原氏だが、都民・国民の生活を本当によくしてくれるような政策がほとんどないのだ。実際、実績もほとんど上がっていない。

体系的ではない思いつき的な政策を打ち出すことによって、一部を標的＝敵にし、その他大勢の支持を獲得するという石原氏の政策手法では、真の問題解決はもたらされないのである。

第三章

政界アウトローという生き方

【美濃部亮吉・元都知事の「亡霊」と戦いつづけて】

政治家・石原慎太郎のトラウマ

上杉隆（ジャーナリスト）

「なんだそういう奴か」

現在、各種世論調査などで圧倒的な人気を誇る石原慎太郎東京都知事。石原がれっきとした政治家であることは、いまや自明であるかのような印象を受けるが、最初からそうだったわけではない。一九五五年、『太陽の季節』で芥川賞を最年少受賞した石原が、その後、自民党の公認候補として参院選全国区に立候補したのは六八年。当時の文壇や世間、あるいは彼の周辺からは厳しい批判が寄せられていた。

元雑誌編集者が語る。

「あのころ、石原さんは、三島さんなどとともに『行動する作家』という評価を得ていた。映画に出たり、ファッション誌のグラビアにモデルとして登場したり、ボクシングをやったりと、それまでの作家という概念を打ち破る動きをしていた。でもあのころは『目立ちたがり屋でカッコつけているだけ』と、主流であった左翼インテリ層などからは醒めた目で完全に敬遠されていた。ファン層もアウトサイダー的な右翼学生が中心ではなかったかな」

石原が作家として活躍した当時の日本は、保守合同から日米安保に向かう、まさに「政治の季節」。現在と違って社会は保守化しておらず、左派がむしろ若者の思想においては主流を占めていた。まだ二十代の石原は、江藤淳や大江健三郎などの若い作家たちと『日本の若い世代の会』（のちに『日本の新しい世代の会』）を結成、右派の数少ない論客として全国で講演をこなしていく。とりわけ右派の学生運動に協力的だった作家は、三島と石原の二人だった。

「ただ、作家としては圧倒的に三島さんが上で、石原さんへの評価は高くなかった。でも、文学以外のパフォーマンスになると石原さんのほうが断然上、まったく輝いていた。だけどあのころ盛んに自民党を批判していたのに、後で自民党から出馬したのにはがっかりした。あれでたぶん、『なんだそういう奴か』という印象を持った者がずいぶんいたと思う」（前出・元雑誌編集者）

三島由紀夫も石原が自民党から出馬したことを激しく非難し、「公開質問状」まで出してその姿勢を質《ただ》している。

三島由紀夫からの手紙

これほどまでの批判を受けながらも石原は政治の世界を志した。いったいその理由は何だったのか。

〈三島由紀夫との間に生じ始めた確執から〉
〈文壇での低い評価に嫌気が差して〉
〈学生を中心とする右翼活動の限界を感じて〉

これまでもさまざまな理由が憶測されてきた。しかし案外、石原が政治の道に踏み出すことになった直接の原因は知られていない。それは六五年十二月、読売新聞社からの依頼で訪れたベトナムへの取材旅行に端を発する。

クリスマス停戦中のサイゴン（現・ホーチミン）を一週間にわたり訪れた石原は、南ベトナムで市民に触れ、彼らの戦争に対する無関心さに意外性を感じる。同時に祖国・日本へ想いを馳せ、共通した社会の雰囲気を嗅ぎ取る。

「なべて洗練された料理の味も、女たちの優しさも、狭い国ながらの風土の変化も、そして出会った人たちの教養の高さも、そして、そのシニスムもノンシャランスもだった。

その時の二つの国についての私の比較計量にはいささかの思いこみもあったかも知れないが、しかしそう外れていたとも思えない。ならばなんでそれが急にこんなに気になってきたのかと思ってみた。

何よりもまずサイゴンで会ったどれもたいそう知的な人々の、あの投げやりな自らへの明日に対する冷笑と努めた無関心《ノンシャランス》さだった。私はそこに私の故国日本との強い類似を見た気がした」（石原慎太郎『国家なる幻影』文藝春秋）

こうしてベトナム取材旅行から日本に戻った石原だったが、「女たちの優しさ」に触れたためか、「ベトナムで持った情事」によってウイルス性肝炎に感染してしまう。生まれて初めての大病。ベッドで臥している石原のもとに一通の手紙が届いたのは、その発病直後のことだった。送り主、三島由紀夫はこう書いた。

「自分も以前に『潮騒』の取材で無理をしすぎて同じ病気にかかったが、実に嫌な病だった。君の今の心中は察するに余りあるが、しかし一旦病を得たなら敢えてこれを折角の好機ととらえて達観し、ゆっくり天下を考えたらいい」（同書）

石原によれば、この三島からの手紙が政治を志向したきっかけになった。病床中、三島の言葉によって、自らの国家観を熟成させ、政治という方法論を選択する決意を固めたのだという。

「病気は薄紙を剝がすようになんとか快癒に向かっていき、それに並行して、国を案ずるなら自ら政治にコミットしていくべきではないかという自分への問いかけはますます強いものになっていった」（同書）

だが、本人が志向しただけで政治家になれるものではない。議会制民主主義を採用する日本では、当然ながら選挙に当選しなくては国会議員のバッジをつけられない。そしてベトナム旅行から三年後の六八年、参議院選挙に出馬、三百万票超という圧倒的な得票数でトップ当選を果たした。立候補の背景にはこんな事由があったのだが、石原が当選しえた理由はそれとは別にあった。

『太陽の季節』が導いた政治の世界

一橋大学在学中に受賞した芥川賞は、その後の石原慎太郎の人生を大きく変えた。若くして文壇の寵児となった石原は、普通の若者では決して得られない幸運――つまり広範な人脈――を次々と手に入れている。当時、石原の周囲に集まった顔ぶれは、将来、政治に向かう際の大きな財産となった。それが政治家・石原慎太郎の礎《いしずえ》となる。石原は参院一期途中、衆院八期と、都合三十年弱を国会議員として過ごしてきたが、彼の政治家としての第一歩は、本人の言う六五年のベトナム取材ではなく、あるいはまた、弟・裕次郎と行脚し、圧倒的動員数を誇った全国遊説の後の参議院選挙初当選でもなく、実はその十年前の『太陽の季節』発表時に、萌芽を宿していたのである。

「石原慎太郎は爺殺しだね」

元秘書の一人は当時の石原をこう評した。たしかに石原を可愛がった人物は年配者が多かった。歳の離れた人物からの加護を受けたのは、多分に石原自身のパーソナリティーによるのかもしれない。

「親代わり」を名乗っていた水野成夫産経新聞社主（当時）は、霊友会教主（当時）・小谷喜美を紹介している。このころ深く政治にコミットしようとしていた宗教団体・霊友会の組織票は、後援会すら持ちえなかった石原の初選挙に際して、最大の基礎票となった。政治的思想と文壇での人脈作りに関しては、先輩格の三島由紀夫から多くのものを得た。

当時の財界で圧倒的影響力を持っていた東急グループ総帥（当時）・五島昇との関係も、結果として自身の選挙に役立った。石原の選挙のプロデュースには東急エージェンシー（前野徹社長・当時）が関わってきたが、もとはといえば五島とのつながりが始まりである。七一年、衆議院中選挙区に鞍替えして立候補した際も、幸運なことに石原の選挙区（東京都大田区など）は、東急電鉄など東急グループが生活に深く入り込んだ地域であった。さらに弘世現（日本生命社長・当時）などの財界人を五島から紹介してもらったのも、のちの選挙を有利にしている。
しかし、なんといっても大きかったのは、鎌倉に住んでいて、「人間嫌い」として有名だった佐藤栄作首相（当時）と気軽に話せる関係を築いたことだった。石原は夫人を伴って逗子の自宅から佐藤家を訪問したが、その頃佐藤とこのようなつきあいのできた政治家は皆無だった。政界への足がかりとしてのみならず、当時の自民党の絶対的なヒエラルキーのなかで現職の総理総裁と家族づきあいをしているという事実だけ取り上げても、明らかに恵まれていた。最初に事務所などの面倒をみてくれた橋本登美三郎や、節目節目で助言をもらう福田赳夫などの政治家も、やはり佐藤の紹介であった。
「同年代ながら、慎太郎さんにはまばゆいものを感じた。なにしろ兄弟揃って日本のスターでしたから。もう自分たちからすれば、絶対に口もきけない人たちと当たり前のように話している。あの兄弟は、まったく違う世界に住む、完全に別の人種だった」（前出・元秘書）
抜群の知名度と得がたい人脈。この二つを背景に石原は選挙に打って出た。そしてその両方を手に入れたきっかけが、やはり『太陽の季節』だったのだ。

キワモノ政治家の誕生

こうして颯爽と国政の舞台に登場した石原慎太郎だったが、永田町ではそれ以前のように、常にスポットライトを浴びるわけにはいかなかった。とりわけ自民党のなかでの評価は散々だった。当時を知る自民党国会議員秘書が話す。

「最初は、うるさいだけの傲慢な若手作家がやってきただけ、という印象だったな。カッコつけだけの若造、なんてほかの議員からは陰口を叩かれていたよ。言うことは言うけど、全然行動が伴わない。まぁ若手だったからしかたないのだろうけど、とくに参議院議員のときはまったく影が薄かった。泣かず飛ばずで、どちらかというとキワモノといったイメージだったね。あのころを思い出すと、今の政治家としての人気には本当に隔世の感があるよ」

永田町での低い評価をもっとも認識していたのは、ほかでもない石原本人だった。往時を振り返って、石原はこう感慨に耽《ふけ》っている。

「衆議院の国会対策委員会への出席強要ならそれはそれで政治の見えざる仕組みへの興味も湧いて私も案外いいオルグとして暗躍したかも知れない。

重要法案通過のための裏取引で深夜密かに野党の幹部に膨大な額の現金を運ぶなどという作業は一度くらいしてみたいものだったが、もっとも駆け出しの一年生にそんな大役が割り振られる訳もなかったろう。

そしてそれから演繹して、派閥なるものの効用にも気づいてスムースにどこかの派閥に身を寄せていたら、それがまた政治家としての私の運命を変えたかも知れない」（前出『国家なる幻影』）

結局、初当選から四年目の七二年、「牛歩国会」などに明け暮れた参議院を後にして、石原は衆議院に鞍替えする。さらにその翌年（七三年）、渡辺美智雄や中川一郎らとともに「青嵐会《せいらんかい》」を結成して幹事長の座に就いた。

念願の派閥結成により、いよいよ政治的に暗躍開始かというと、実はそうでもなかった。田中角栄首相（当時）の金権政治を批判して発足した「青嵐会」は、当初、入会時に血判状を義務づけ、さっそく脱退者を出すなど世間の耳目を集めた。しかし、それも長くは続かなかった。「敵」が存在したうちは良かったが、田中退陣によって、戦うべき「敵」を失うと次第に内部抗争が顕在化してきた。内向きになったところで、「青嵐会」の限界が見えてきたのだ。

前出の議員秘書が明かす。

「田中内閣が突如結んだ『日中航空協定』に徹底的な反対を唱えていたあたりまでは、会としての存在感があったと思う。だけど、それも『日中友好条約』などによって、『マイナーな超タカ派集団』と位置づけられてからは完全に終わったね。あとはそれぞれが勝手なことを言っては脱退者を出すという感じだったし、何しろ陰で支えるべき幹事長があのとおり、いちばんの目立ちたがり屋では、とても長続きしないよ。あのころはほとんど相手にされていなかったな」

「青嵐会」の「闘争」は直接的でかなり荒っぽく、しかも稚拙だった。それは七三年度の自民党大会で顕著に見られた。ひな壇に座る田中角栄総裁に向けて、座長の中尾栄一が「倒閣演説」をぶったのだ。その前、中尾を援護するべく石原は決して高度とは言い難い戦術を立てた。

「いざ混乱の際に壇上の執行部はマイクを持っているから声のボリュームで鎮圧される恐れがあるので、私は密かにハンドマイクロフォンを三個買い込んで手持ち鞄に入れ仲間に手渡して会場に持ち込んでおいた」（前出『国家なる幻影』）

そのうちの一つを持っていた浜田幸一が、突然執行部に向けて野次ったため、運営委員に没収されてしまう。すると石原は、こう叫んだのだ。

「覚えておけよ、まだ後二つあるんだからな」

『青嵐会』はこののち解散を余儀なくされ、派閥幹事長としての石原もその役目を終えた。彼の失意はそのまま国会への失意につながる。七五年、「泣かず飛ばず」の議員生活に自らいったん終止符を打ち、東京都知事選へ立候補した。

七五年、東京都知事選のトラウマ

このときの石原の相手は革新陣営推薦の現職都知事・美濃部亮吉だった。寸前まで立候補を取りやめる気配を見せていた美濃部は、世間での人気とは違って、都庁内ではエリート意識の抜けない貴族趣味が批判の対象となる人物だった。

美濃部の周りには常に緊張感が漂っていた。たとえば、ミスを犯した都の幹部は公衆の面前であろうと罵倒された。美濃部にとってはミスはどんなに小さくてもミスであり、それはすなわち悪であった。頭脳明晰な美濃部には部下が単純なミスを繰り返すのが理解できなかった。そして理解できない部下という烙印を捺《お》されたら最後、その職員は場所と時間を選ばず美濃部から怒鳴りつけられたのだ。

だが都庁の外に出た途端、その正体は隠された。美濃部は自分の夢と都政の現状を、同時に、ゆっくりとわかりやすく、しかもメモなしで語ることができる政治家だった。上品で自然な笑顔を絶やさず、首を少し傾けて話し、聴衆が多ければ多いほど完璧な演説をしてみせた。

都民は卓越した身のこなしと「美濃部スマイル」に惑わされ、拍手喝采を送り、美濃部はそれに手を振って応えた。

この二面性ゆえ、美濃部はさらに周囲の人間から嫌われた。そして石原にとっても昔から美濃部は忌み嫌うべき人物の筆頭だった。

二人の出会いは五九年、文藝春秋社主催の信越への講演旅行にまでさかのぼる。宿泊先の旅館で美濃部は、出された郷土料理と日本酒を退けて、「ステーク（ステーキ）」と「ホイスキー（ウィスキー）」を注文した。石原はその気取った発音と注文内容を無粋と憤り、後々まで「趣味の瘦《や》せた人物」と断じ続けた。

さらにその夜、石原は美濃部の部屋に女の気配を感じた。翌朝、同行していた小説家の伊藤整が前夜の情事を若い石原の行為だと誤解し茶化した。だが、それを横で聞いていた美濃部は会話を無視してタバコをふかしているだけだった。石原はその行為を「男の偽善性」として私怨をも持つ。石原は闘う前から美濃部を「人間」として許せなかったのだ。

だが、その都知事選挙で負けたのは石原のほうだった。それは人生でほとんど初めてといっていい挫折だった。これがトラウマになる。それを乗り越えるには二十四年の月日を待たなくてはならない。リベンジは四半世紀を経てようやく達成されるのだ。この敗北で、石原の心には美濃部の政治手法が強く刻まれることになった。

美濃部亮吉の亡霊

長男の石原伸晃《のぶてる》代議士が次のように語っている。

「父にとって、四半世紀前に美濃部さんと戦って負けた、ということはやはり今でも大きく影響しているのではないでしょうか。父は口にしませんが、近くで見ていてそう感じます。美濃部さんは大企業に課税したり、環境問題を取り上げて環境庁を作らせたり、と『乱暴』な都知事でした。が、父は彼の業績を評価し、意識しています。父は今二十五年前の美濃部都知事と戦っているのかもしれません」（『諸君！』二〇〇〇年四月号）

実際に約二十五年後、都知事として活動を開始した石原は、当初美濃部の亡霊から逃れられなかった。前回の都知事選の敗北を振り返って、石原は側近の一人に次のように語っている。

「あのとき不出馬を決めた美濃部は、一点騙し討ちで再声明して立候補してきた。初めから敗北はわかっていたが、男にはそれでも勝負しなくてはいけないときがある。だが、あれ（美濃部の後出し出馬）も作戦の一つであることに変わりはないな」

都庁担当記者の一人が語る。

「（鳩山、舛添、明石、三上、柿沢が立候補を表明した後、石原が）『後出しジャンケン』方式で立候補したのは、二十四年前の仕返しに思えるし、穿《うが》った見方かもしれないが、その立候補会見をした日付も『三月十日』とまったく同じだった。それに外部から秘書を連れてきて側近政治をやりだしたのも似ているし、マスコミの前で都庁と国を批判するパフォーマンスもそっくりだ」

さらに就任直後に石原が打ち出した政策も、美濃部の政治手法から影響を受けているのではないかと思わせるものが多かった。

「外形標準課税」は、美濃部の念願でもあった都による課税自主権の行使ではないか。「ディーゼル車の排ガス規制」も、美濃部が国に先んじて打ち出した「公害防止条例」を踏襲したものではないか。美濃部が廃止した公営ギャンブルを復活させようとしたのも、彼を意識したからではないか。

九九年、都知事就任後すぐに打ち出した石原の政策のいくつかは、確実に美濃部の政治手法をヒントにしていた。

運輸大臣から一転、キワモノへ

都知事選に敗れ、一年以上の蟄居《ちっきょ》生活を余儀なくされた石原は、第三十四回衆議院議員選挙でようやく国会に戻った。だがそこに思わぬ幸運が待ち受けていた。何かと石原を気にかけていた福田が首班指名を受け、内閣総理大臣に就任したのだ。さっそく組閣が始まると福田事務所から石原事務所に連絡が入った。

「帰宅せずに、このまま議員会館の部屋に残っていてほしい。できたらモーニングを用意していてもらいたい」

こうして石原は環境庁長官として初入閣を果たした。だが、そこでも美濃部の影は石原を追いかけてきた。

「ぼくはあの後、環境庁長官をやって美濃部氏の手法の効用を知ったんです。まだ高度成長が続いているときで、環境が今日ほど大きな問題になるとは思わず、環境アセスメントなんて忌避していた国は、美濃部氏が『東京は東京の環境基準を作る』と言ったとき、すごくあわてたわけ。でも実際に東京が基準案を作ってしまうと、国はその信憑性をチェックし、東京より少しトーンダウンした基準をともかくもつくらざるを得なかった」(『週刊朝日』九九年三月二十六日号)

環境庁長官としての石原は、歴代長官として初めて水俣病で苦しむ患者を直接現地に見舞うという行動を起こしたが、それは決して高評価を得られなかった。むしろ政策面よりも別のところで話題を提供し続けた。

最初は「テニス事件」だった。水俣からの陳情団が石原のもとを訪れたのは長官就任直後のことだった。アポイントメントがないということで最初面談を拒否した石原は、役所からの懇願でようやく面会した。

翌月再び上京した陳情団に、石原は前回のときに約束したアポイントメントがないと面会を拒否、耳鼻咽喉科に行ったのち、二時間ほどテニスをした。騒ぎになったのは翌日だった。記者会見で、水俣からの陳情団に会わずに「テニスをしていた」と答えた石原に非難が集中する。予算委員会では石原長官の「テニス事件」に質疑が集まる。結局、進退問題にまでは発展しなかったが、これを契機に環境庁記者クラブとの対立が明確になった。当時の番記者の一人が述懐する。

「どっちもどっちだったかなという気がします。最後は双方が感情的になっていたのかもしれません。今思えば、こちらも記者会見をボイコットするほどでもなかった気がしますし、石原さんも『ここには赤旗に流しているスパイがいる』なんて無責任なことは言わないでもう少し余裕を持っていればよかったのではないかという気もします。まぁ、でも時代も時代でしたし、それにお互い若かったし、しかたなかったんですかね（笑）」

結局、在任中、石原は記者クラブ（産経新聞を除く）と和解することはなかった。

内閣改造で環境庁長官を辞めさせられた石原には、この後、長く厳しい「冬の時代」が到来する。政治的な不遇は、八七年の運輸大臣（竹下登内閣）就任まで続く。その間は「青嵐会」を政治活動の中心に据えるが、「自民党四十日抗争」や盟友中川一郎の自殺、友人ベニグノ・アキノ暗殺、そして「青嵐会」の解散と、石原にとってはまったくいいことがなかった。

だが、運輸大臣に就任すると状況は一変する。青函トンネル開通、本四架橋開通など「運輸省での私の仕事は環境庁に比べればなんとも対照的に華やかなもの」と本人も自負しているように、比較的陽の目を見るものが多かったようだ。とりわけ最大の成果は、のちに自ら頻繁に語るように『成田エクスプレス』を誕生させたことだった。

成田空港地下にあった新幹線用の空洞は、長い間放置されてきた。そこへ開港十周年の記念式典に出かけた石原が、難色を示す空港公団職員を尻目に、ついでということで半ば強引に視察を行なった。

「コンクリートを打ちっぱなしたまま放り出されている地下二階、三階の施設は堂々たるもので、来るはずの新幹線がやってこないまま荒れ果て、天井に結露した滴が間断なく垂れて辺りは水びたしだった。

随行してきた記者たちが、『どうですか』と尋ねるから、『これはまさに国民の流す涙だよ』といった」（前出『国家なる幻影』）

こうして『成田エクスプレス』、さらには『京成スカイライナー』が誕生した。

環境庁では記者クラブと対立したが、運輸省では退任時に多くの記者が、石原大臣を歓送し、一部記者の発案で「賞状」まで贈呈している。

リクルート事件で竹下内閣が退陣すると、石原は自民党総裁選に打って出る。海部俊樹、林義郎との戦いの結果は最下位、このあたりから石原の政界での評価は固まってきた。初当選時の勢いと若手武闘派の代表格という輝かしい過去は遠くに去り、代わって、マスコミからは「守旧派」のレッテルを貼られ、著書『「ＮＯ」と言える日本』によって反米の権化というような扱いを受けていく。さらに選挙制度改革にあたり党に反旗を翻し、完全に居場所を失っていった。党内では石原に近づく者は、「キワモノ」という評判が再び与えられるようになってしまった。

なぜ突然の辞職を？

九五年七月十四日、この日、衆議院在職二十五年の永年表彰を迎えた石原は、突如辞職を表明する。土井たか子衆議院議長の指名を受けて登壇、自らの政治生活を振り返って最後の演説を始めた。

「あの教養の高いベトナムのインテリと日本の知識人たちがその政治姿勢において互いに非常に似ているという気がしてなりませんでした。ということは、祖国日本もまた、いつかの将来、あるいは自由主義体制が浸食され崩壊する日が来るのではないかと。ならばそれを防ぐためにはみずから行動すべきではないかと。私が政界に身を投じる決意をしたのは、あの他国の戦争で感じたもののゆえにでありました」（『第一三二回衆議院本会議議事録』）

政治という方法論によって、自身を表現しようとした石原の試みは、この時点では失敗に終わった。「青嵐会」の幹事長として、あるいはまた環境庁長官、運輸大臣として、政治を変えようとした夢は無残に打ち砕かれてこの日を迎えたのだった。

「今日この表彰を受けて改めて私は、自らの力の足りなさに慙愧《ざんき》せざるを得ません。政治家の経歴は決して、決して長きをもってよしとするものではないということを改めて痛感自覚し、ただ恥じ入るのみであります」(前出・議事録)

二度目の拍手を得た石原は、遠くを見つめるような視線で、自ら身を置いた政党や政界への批判を開始した。それは日本政治全体への不満の爆発ともとれるが、実際は無念さが滲み出た自己批判だった。

だがここで自省してみても、しょせん石原も政治のなかの人間であり、不本意な結果がすべてを残酷に示す。こうして国会を去らなければならないこの日の石原の姿こそ、如実にそれを物語っている。

「日本の将来を毀損しかねないような問題がいくつも露呈してきているのに、現今の政治はそれにほとんど手をつけられぬままに、すべての政党、ほとんどの政治家は、今はただいかに自らの身を保つかという最も利己的で卑しい保身の目的のためにしか働いていません。(中略)

この日本は、いまだに国家としての明確な意思表示さえできぬ、男の姿をしながらじつは男子としての能力を欠いた、さながら去勢された宦官のような国家に成り果てています。それを官僚による政治支配のせいというなら、その責任は、それを放置している我々すべての政治家にこそあるのではありませんか」(前出・議事

録）

彷徨える〝究極のナルシスト〟

こうして国会議員を辞めた石原だが、この辞職の裏には後日、別の理由があるのではないかといった噂が流れた。

八七年に他界した弟・裕次郎の死因がガンであったため、「慎太郎も末期ガンに冒されており、余命幾ばくもないらしい」という健康上の問題を挙げつらった噂が流布された。

また伸晃の選挙区が東京杉並であったことから、杉並道場を持つオウム真理教と石原家の関係が疑われた。「宗教法人認定のための陳情で都に働きかけた」「オウム真理教から石原家に政治資金が流れた」「裕次郎の入院した慶應病院の担当医が林郁夫で、それ以来、家族づきあいをしている」などだった。

このような噂を消すかのように、石原はこの演説後、辞職の理由を次のように記している。

「断っておくが、あの機を捉えての私の議員辞職は、警世とか政治への改めての告発の手立てなどと決して思ってはいなかった。政治を選びながら、それを国家のための自らの表現として十全たらしめることの出来なかった私自身のいたらなさの責任の、最低限の履行と贖罪のためのものでしかない。表彰の折の答礼の挨拶の中でそのことだけを述べたつもりでいる」（前出『国家なる幻影』）

しかし、これだけではないような気がする。突然の辞職は石原の美学から来たものだったのではないだろうか。「究極のナルシスト」（関係者）が、政治という自己表現の方法の失敗に際して選んだ行動が、この日の演説だったのではないか。

そして九九年、石原は再び「美濃部の亡霊」という自身の政治的なトラウマと闘って、東京都知事として政治の世界に戻っていったのである。

【政財界から一橋大学OBまで──】

石原慎太郎「人脈図」を解剖する！

島田四郎（ジャーナリスト）

「国民的大スター・石原裕次郎の兄」
「芥川賞受賞小説『太陽の季節』の作者」
「元運輸相にして現東京都知事」

石原慎太郎の名前を聞いたとき、多くの人々はこんなイメージを即座に思い描くはずだ。そして、並みの政治家と違い、芸能や文壇の世界にも顔が広く、それなりの知名度があったからこそ、政治家としても成功を収めてきたと思うかもしれない。

しかし、政治には人脈がつきものである。「顔が広い」ことと「人脈が広い」ことは必ずしも一致しない。さらに、一口に人脈といっても、要所を押さえた人脈と、むやみに広いだけで役に立たない人脈とがある。石原が政治家としてそれなりの成功を収めることができた理由は、その知名度だけでなく、やはりそれなりに要所を押さえた人脈作りに成功したからではないだろうか。この項では、政治家・石原慎太郎を支える人脈について探ってみたい。

「タニマチ」ネットワークの誕生

石原慎太郎は、周知のように、一九五五年に『太陽の季節』で芥川賞を最年少受賞している。そして六八年には、参院選に初出馬して見事当選した。知名度がすでに高かったとはいえ、政界とのつながりをまったく持たなかった石原が、なぜいともたやすく政治家としての第一歩を踏み出すことができたのだろうか。その最大の理由は、東急グループ総帥・五島昇（故人）の知己を得たことだろう。二人を引き合わせたのは、月刊誌『経済界』現代表の佐藤正忠《せいちゅう》である。彼について石原はこう書いている。

「『経済界』という雑誌の主幹を務める佐藤正忠という不思議な男がいて、彼は人を人に紹介するのが趣味なのです。彼が私に、『政治家と経済界で会いたい人がいるなら、必ず会わせてあげる』という。そこで政治家だったら中曽根康弘、経済人だったら五島昇といったら、二人ともに会わせてくれました」（『永遠なれ、日本』ＰＨＰ研究所・二〇〇一年）

佐藤が石原に初めて会ったのは、五七年前後のことだったと思われる。佐藤は、芥川賞を最年少で受賞した石原にいわば取材対象として会ったのだが、このときの何気ない〝引き合わせ〟が、石原の将来を大きく変えることになった。五島が十六歳年下の流行作家をいたく気に入ってしまったからだ。

五島は、石原とその仲間だった「劇団四季」の創立者・浅利慶太に「日本生命」社長の弘世現（当時。以下同）を紹介し、二人が「日生劇場」の取締役に就任する橋渡しをするなどの肩入れを始めるが、それ以上に決定的だったのは、五島の実父で東急電鉄会長だった五島慶太の友人、水野成夫《しげお》・産経新聞社主を石原に紹介したことだろう（石原自身はその著書『国家なる幻影』で、水野はもともと弟・裕次郎と知り合いで、その縁で「石原兄弟の親代わり」になったと書いている）。

〝財界の四天王〟と呼ばれた水野の人脈は華々しい。血縁だけを見ても、養子の水野惣平は「アラビア石油」創業者の〝アラビア太郎〟こと山下太郎の実子、四女の麻子は西武百貨店会長・堤清二に嫁ぐなど、財界の要所要所に食い込んでいた。

そんな水野の影響力を、石原は存分に活用する。たとえば政界進出以前に、日生劇場初の創作ミュージカル公演で、水野の口利きによって東洋工業（現・マツダ）の松田恒次社長から多額の出資金を得るなどしているのだ。

石原が政治家として成り上がっていく過程でも、水野の協力が重要な役割を果たすことになる。とりわけ、次に挙げる三点は決定的だった。

①宗教団体「霊友会」の教主・小谷喜美《こたにきみ》を紹介。これはのちに石原が参院選に立候補した際、数十万票もの集団票を確保することにつながっていく。

②産経新聞社で水野の跡を継ぐことになる鹿内信隆を紹介。現在に至るまで続いている『産経新聞』の親石原色路線のきっかけとなった。

③六五年から、『産経新聞』紙上で石原に「巷の神々」と題する新興宗教を題材とする連載をさせる。石原はこの取材で、石原に東急の五島を紹介した『経済界』の佐藤正忠との関係をさらに深めていくことになった。

③については、若干の説明が必要だろう。つまり、こういうことだ。

佐藤は『経済界』の前身『フェイス』を発行する一方で、新興宗教団体連絡網の幹事役を務めており、その関係で「巷の神々」の取材執筆に力を貸した。その後まもなく、石原は、参院選に立候補することを決めると、佐藤人脈の利用価値に気づく。選挙資金をひねり出すには、やはり企業の大口支援を受けるのが手っ取り早い。さっそく佐藤を訪れて事情を話すと、石原の期待どおり、〝財界の政治部長〟と呼ばれていた八幡製鉄副社長の藤井丙午《へいご》を紹介された。そして藤井は、石原を佐藤栄作首相に引き合わせる。こうして石原は、ほとんど労することなく自民党の公認を取り付けたのだ――。

このように、東急の五島を起点とする財界人脈は、〝ポッと出候補〟の石原を参議院議員に仕立てるのに充分な力を持っていた。

この人脈の圧倒的な力を如実に示すエピソードがある。前出の東洋工業・松田恒次社長が、『週刊現代』記者の取材に対してこう語っているのだ。

「石原君のためにウチのネットワークを利用させてほしいと、はじめ福田赳夫（自民党）幹事長から息子（松田耕平・副社長）に話があって、そのときは僕個人としては反対したんだ。そうしたら（佐藤）総理の奥さんから、ぜひ力をかしてほしいと熱心にたのまれて、日生の弘世現社長やサンケイの水野成夫さんからも同じことをいわれて、引き受けざるをえなかったんだな」（六八年七月二十五日号）

政財界の大物たちが、当時まだ三十代の流行作家にすぎなかった石原を引きまわしていたわけだが、そこには石原を「大スター・石原裕次郎の兄」として贔屓《ひいき》にするタニマチ感覚があったのかもしれない。

東急人脈と「石原六奉行」

ところで、五島人脈で忘れてはならない人物がもう一人いる。東急グループの広告代理店「東急エージェンシー」元社長の前野徹である。前野は、もともと五島の右腕と目された人物で、弱小広告代理店だった東急エージェンシーを業界三位の大手にまで躍進させた切れ者としても知られている。その前野が、月刊誌『財界』の連載で、石原との出会いをこう記している。

「慎太郎さんと私は、私が東急グループの総帥・五島昇さんの無任所秘書だった頃、五島さんによって引き合わされ、以来、五島門下生として四十有余年にわたる親交を育んできた」（二〇〇二年三月十二日号）

前野が自ら証言するように、二人は「慎ちゃん」「前ちゃん」と呼び合う親密な仲だ。とくに、前野の石原に対する〝崇拝〟ぶりは尋常ではない。前野の近著『最後の首相』（扶桑社・二〇〇二年）から、象徴的な記述を以下にいくつか抜粋しておこう。

「多くの日本人がこの国難から祖国を救えるのは、日本精神の集大成である石原さんしかいないとの認識を抱き始めています」

「石原月光仮面が世直しに立ち上がってくれるか。この一点に日本民族の将来とわが国の運命は託されています」

「石原救国政権を擁立できなければ、日本人みんなが日本を見捨てて海外脱出してもやむを得ないとまで思っています」

著書や講演で石原を祭り上げるだけが前野の役割ではない。近年は、新進財界人の親睦団体「アジア経済人懇話会」の理事長を務める傍ら、その人材ネットワークを活用して「ドン・キホーテ」社長の安田隆夫や「有線ブロードネットワークス」社長の宇野康秀らニュービジネスの旗手を集め、石原に引き合わせようと水面下で工作を続けている。

前野は、師匠の五島昇がかつてそうしたように、石原に次世代の財界人脈を提供しようとしているのかもしれない。しかし、産経の水野や日生の弘世といった戦中・戦後の大物に比べると、前野の連れてくる財界人はかなり見劣りする。

また、この前野の右腕が、〝石原六奉行〟の一人に数えられる今岡又彦・東急エージェンシー公共ネットワーク局長である。ちなみに〝石原六奉行〟とは、九九年の都知事選で石原の選挙活動を補佐した六人の側近のことで、今岡のほかに、浜渦武生・現副都知事、兵藤茂・都知事特別秘書、岩崎純・(石原伸晃《のぶてる》)代議士秘書、栗原俊記・鹿島営業本部営業統括部長、高橋松作・平成建設社長らがいる。

もっとも、今岡は前野の子分だから石原の側近になったわけではない。逆である。というのも、今岡はもともと石原のヨット仲間であり、その縁で東急の五島が六〇年に設立した東急エージェンシーに入社したからだ。石原の環境庁長官時代に秘書として出向し、会社復帰後は人気ドラマ『西部警察』(テレビ朝日)のスポンサー担当として、東急エージェンシーの躍進に貢献している。

新スポンサー、徳田虎雄との蜜月

ところで、当然のことだが、石原は五島人脈とは異なるルートも持っている。ただし、その多くは都知事就任後に生まれた新しいつながりで、〝人脈〟と呼ぶにはいささか頼りない関係かもしれない。

たとえば、森ビルの森稔社長やアサヒビール名誉会長・樋口廣太郎、ウシオ電機会長・牛尾治朗、オリックス会長・宮内義彦などとの関係だ。彼らはもともと石原とのつきあいがほとんどなかったにもかかわらず、都知事の私的諮問機関「東京の問題を考える懇談会」に〝一本釣り〟されている。なかでも、牛尾や宮内は政界トップが集まる場所ならどこにでも顔を出す〝プチ政治家〟ゆえ、石原独自の人脈とはいえない。

こうして見ると、五島昇や水野成夫が他界した今は、もはや石原に〝財界人脈〟と呼べるほどのものは、ほとんど残っていないことがわかる。中国への進出に業績回復への光を見出そうとしている財界サイドも、中国に対して手厳しい石原と関わり合いになるのはしばらく避けたいようだ。

ただし、たった一人だけ、自らの進退を賭けてまで石原のためにカネを集めようと東奔西走している人物がいる。その名は医療法人徳洲会理事長・徳田虎雄。現在は衆議院議員も務め、二〇〇一年の参院選では四十七人もの候補を擁立しておきながら、当選者ゼロという他の追随を許さない醜態をさらした「自由連合」の代表者である。

石原と徳田が出会ったのは、ごく最近のことだ。それまでも、徳田のほうから何度か面会の申し込みがあったのだが、徳田が「借金だらけ」という噂があったため、石原のほうが避けていたという。実際、徳洲会病院の経営状況は厳しく、徳田が石原に近づくのは、「徳洲会が熱望している都内進出の〝後ろ盾〟になってもらおうという下心がある」からだと指摘する者もいる。

ところが、九九年の都知事選の直前、突如、石原が徳田を都内のホテルに呼び出し、初の会談が行なわれた。石原は「医療問題についてアドバイスを受けるため」とその理由を語っているが、あまりにも不自然な会談ゆえ、簡単には信じられない。

そういった経緯があって、現在ではいくつもの週刊誌が「石原新党のパトロンは徳田虎雄だ」と書き立てている。たしかに徳田と石原の急接近ぶりは特筆すべきものではあるが、参院選の惨敗で徳田にそれほど資金の余裕はないという声も多い。

佐藤栄作に取り入る

元首相・佐藤栄作、元農水相・中川一郎、元首相・中曽根康弘――。石原の政界人脈を語るには、この三人のキーマンを知れば事足りるだろう。

すでに述べたように、石原を佐藤に引き合わせたのは八幡製鉄副社長だった藤井丙午（藤井孝男代議士の実父）である。首相官邸で初めて顔を合わせた後、石原と佐藤はかなり頻繁に会って話をする間柄になった。その蜜月ぶりは石原の著書『国家なる幻影』（前出）にも描かれている。象徴的なエピソードをいくつか要約して紹介しておこう。

まず、石原に自民党の公認を与えた佐藤は、自らの右腕で党総務会長だった橋本登美三郎に命じ、自腹を切って選挙事務所を手配させたうえ、その場で選挙資金まで与えた。ところが、当選後、佐藤派に所属するものと思われていた石原は、期待を裏切って無派閥の道を選んだ。にもかかわらず、石原をどれほど買っていたのか、佐藤はこの暴挙に文句一つつけなかったというのである。

さらに、石原の当選後まもなくして行なわれた七〇年の自民党総裁選。佐藤の三選がかかったこの選挙で、石原は候補者の品定めをするために、恩人の佐藤を含めた総裁候補三人に質問状を送りつけたうえで面談を申し込むという暴挙に出た。政治の方法論としては、当然許されるべき正当な手段である。が、普段からいやというほど世話になっているのを棚に上げて、よりによって現職の総理を試そうとする石原の放伐《ほうばつ》な態度に、さすがの佐藤も一度は怒りを爆発させる。ところが、秘書の仲介もあって、またしても佐藤は石原を不問に付したのだった。

やりたい放題の毎日だったが、政治家としての佐藤を石原は高く評価しているようだ。

「戦さに敗れた国が、その後の復興成長と戦さに勝った相手との関わりでの大きな変化があったとはいえ、小笠原諸島に次いで沖縄をも取り戻したという事実は、それに携わった政治家としての運もあったろうが、画期的なものといえる」（前出『国家なる幻影』）

いずれにしても、佐藤の厚遇を勝ち得たことが、石原が政治家の階段を駆け上がっていく原動力となったのは間違いない。のちに、佐藤が強く推した福田赳夫が首相になったとき、石原は四十三歳の若さで環境庁長官として初入閣を果たした。中川一郎の水面下工作があったといわれているが、佐藤の覚えがめでたかったことは抜擢の大きな理由の一つだろう。そして、その福田の後継者である小泉純一郎や福田康夫といった〝弟分〟たちが政府を動かしている今、石原の発言力がいつになく高まっていることは言うまでもない。

中川一郎を踏み台に

次に中川一郎だが、中川と石原が近づいたのは、超党派集団「青嵐会《せいらんかい》」の結成時である。中川や、のちに副総理となる渡辺美智雄らを代表世話人として、主に福田派・

椎名派・中曽根派の議員が、カネのバラ撒きに歯止めの利かなくなった田中内閣の打倒を旗印に結集したこの会で、石原は幹事長に就任したのだ。

ところが、金脈問題で田中内閣が脆くも崩れ去り、椎名悦三郎・副総裁の指名（いわゆる「椎名裁定」）により誕生した三木内閣を挟んで福田赳夫が念願の総理の座につくと、福田派の議員が多数を占める青嵐会の存在価値はいっきに薄れた。代表世話人の渡辺が厚生大臣、事務局長の浜田幸一が防衛政務次官、石原自身も環境庁長官のポストを獲得するなど、中心メンバーが重要ポストを得て、会の骨を抜かれてしまったからである。

青嵐会の存在自体を、石原という広告塔を利用した中川派の拡大戦略だったと見る向きもあるが、それよりも、志半ばで〝空中分解〟したと見られがちなこの会が、実は石原にとって重要な人脈の起点になっていることのほうが注目に値する。中川との接近はもちろんのこと、代表世話人の渡辺美智雄との接近は、石原にとって特別の出来事だったようだ。言葉どおり受け取れるかどうかはともかく、石原にしては珍しく手放しで渡辺を褒め称えている。

「私があった政治家の中で渡辺美智雄という人は、勘と頭の良さを併せ備えた無類の存在だったと思う。決して一人べらべらしゃべりはしなかったが、最後に水を向けると寸鉄人を刺すようなことを半ば冗談のようにいってのけ、誰も返す言葉がなかったということがよくあった」（前出『国家なる幻影』）

副総理にまで昇りつめながら、結局は総理の座に座ることなく他界した渡辺に、石原は深く同情している。実子の渡辺喜美《よしみ》が、若手有望株の塩崎恭久・衆院議員や石原の長男である伸晃・現行革大臣らと「四騎の会」を結成し、石原新党結成に備えているのは偶然ではないだろう。

さて、中川が自殺した八三年からおよそ一年半、中川派（自由革新同友会）は石原を代表としてなんとか維持されたが、結局は解散の憂き目を見る。最後まで残ったメンバーには、中川派から出馬し当選して間もない平沼赳夫（現・経産大臣）がいた。平沼は石原の恩師でもある佐藤栄作の元秘書だったこともあり、以前から石原を慕っていた。

この平沼と「二人そろって一対」といわれるのが、平沼の三つ年上で、青嵐会のメンバーだった亀井静香だった。中川一郎の紹介で出会った二人は、旧中川派が福田派に合流したのち、意気投合して「国家基本問題同志会」を結成する。さらに勢いづいた二人は、中川一郎の長男・中川昭一や元自治大臣の白川勝彦ら超党派議員三十六人を引き込んで「自由革新連盟」を結成し、平成元年の自民党総裁選に立候補した石原を支持したが、あえなく敗れた。

平沼と亀井はこの失敗に懲りず、革新同盟とほぼ同メンバーで石原を代表に据えた超党派組織「黎明の会」を立ち上げた。この「黎明の会」が推して当選した新人の小林興起や松岡利勝を含め、〝石原応援団〟固定メンバー約四十人を自民党内に獲得しただけでも、石原にとって青嵐会に参加した意味があったといえる。

ちなみに現在、石原新党結成をウラで画策しているといわれるのが、亀井であり、また自民党内の石原慎太郎別働隊といわれているのが、平沼や小林らである。

中曽根康弘との長く深い関係

最後に、石原慎太郎を語るのに欠かせないのが元首相・中曽根康弘の存在だ。なぜなら、石原を政界に引き込んだのは、ほかならぬ中曽根だからである。

二人を最初に引き合わせたのは、前述したように『経済界』の佐藤正忠だったが、その佐藤が同じく石原を紹介した五島昇が、さらに石原を中曽根に売り込んだらしい。ちなみに五島と中曽根は、戦後間もないころからの友人同士である。

こうして出会った石原と中曽根だったが、互いに何か感じるものがあったのだろう、二人はその後、新橋にあった会員制サロンで、日本の将来を憂えてしばしば議論を戦わせるようになる。そういった議論を交わすうち、石原のなかに政界進出の野望が生まれていったようだ。一方の中曽根も石原の心中を敏感に察し、参院選への立候補を提案したのである。

こうした経緯があって、中曽根は石原の参院選出馬を全面的にバックアップすることになる。中曽根の入れ込みぶりは、自らの強力な支援者で、当時破竹の勢いだった不動産業界の雄・秀和の小林茂社長を紹介したことからも見てとれる。当選後、石原が無派閥を選んだにもかかわらず、二人はことあるごとに銀座や新橋で顔を合わせて議論を交わした。

その交流のなかで、石原は中曽根から、のちの読売新聞社長で当時は政治部の記者だった〝ナベツネ〟こと渡邉恒雄や、テレビ朝日専務になる三浦甲子二を紹介されている。現在、東京都現代美術館館長と東京都歴史文化財団理事長を兼任する日本テレビ会長の氏家齊一郎を石原に紹介したのは、おそらく渡邉であろう。

もっとも、渡邉恒雄を石原シンパに加える見方があるが、それはどうだろうか。というのも、たとえば『渡邉恒雄回顧録』（中央公論新社・二〇〇〇年）には、石原の名はほとんど登場しない。また、日本財界の実力者である瀬島龍三（元・伊藤忠商事会長）と東急の五島昇を中心に、中曽根、中川ら有力政治家が参加していた「中中会」や「五龍会」など、渡邉が関わった〝政界〟グループに、石原の姿はとんと見られなかったからである。

話を戻そう。石原は初当選から四年後の七二年、衆議院に鞍替えした。その翌年には青嵐会を立ち上げ、七六年には早くも環境庁長官として入閣を果たしている。その一方で、中曽根は佐藤内閣で防衛庁長官に就任、田中内閣時代は通産大臣や自民党幹事長を歴任し、次期総理候補と呼ばれるようになっていった。ところが、田中内閣が倒れた後、三木・福田・大平・鈴木内閣と四度も総裁が替わったにもかかわらず、中曽根にはなかなかお鉢が回ってこなかった。なぜか。

それは、前出の『渡邉恒雄回顧録』によると、田中派の実力者・金丸信とそのバックにいた福島交通会長・小針歴二が〝反中曽根〟を掲げていたからだったようだ。そこで中曽根は金丸を懐柔するために頭を下げて協力を求める一方、小針に対しては参謀を通じて懐柔を図ったのだが、その参謀というのが、石原の初選挙で参謀を務めた政治評論家・飯島清だった。結果、中曽根はついに総理就任への切符を手にしたのだが、中曽根からすれば、財界の要人を紹介し、ことあるごとにアドバイスを与えるなど、一方的に与えてばかりだった石原との〝親交〟が、ようやく役に立ったわけだ。

中曽根との決別、和解

八二年末、ついに中曽根は総理の座についた。中川一郎が突如自殺したのはその翌年である（理由は、いまだにわかっていない）。石原は中川派を引き継ぐことを決め、派閥維持に奔走した。心配した中曽根は、石原に「年寄りはいらないから捨てて」「オレの方（＝中曽根派）に来い」と声をかけた。ところが石原は「これが外に聞こえたら、あなた、人格的にソンをしますよ」と申し出を断わったため、中曽根とケンカになり、五年間、冷や飯を食わされたのだった（『週刊文春』八九年二月二日号）。

そういった経緯があって、中曽根首相の任期が終わる八七年まで、石原に重要ポストが与えられることはなく、石原派（旧・中川派）も運輸大臣を一人出しただけで鳴かず飛ばず、わずか一年半で福田派に合流する結果となった。かつてないほど鬱積《うっせき》した石原の不満は、竹下内閣で運輸大臣に就任したのち、〝中曽根大批判〟というかたちで爆発することになる。

きっかけは、未公開株譲渡を巡って多くの逮捕者を出したリクルート事件だった。竹下内閣のみならず、政界総汚職の様相を呈したこの事件で追及の手が中曽根に及ぶやいなや、石原は『週刊文春』（八九年三月二十三日号）誌上で中曽根に対し、同情のかけらも感じさせない〝全面批判〟を繰り返したのである。

「あの人は自己過信というか、まだ世間を甘く見ているのじゃないかな」

「中曽根さんは格好いいことをいろいろおっしゃったけど、結局、正統的な歴史観を持ってなかったんだな。大きな歴史のうねりのなかで、日本が今、どういう波に乗って、どこへ来ているのかということを認識してなかった、としかいえないね」

この発言により、石原と中曽根との関係は修復困難な状態にまで陥った。その直後、リクルート事件に直撃された竹下内閣の総辞職を受け、自民党は総裁選に突入した。果敢に立候補した石原だったが、すでに述べたように「黎明の会」と旧中川派の支持を受けただけで、わずか四十八票しか取れずに惨敗した。当然のことながら、旧中曽根派の支持は得られなかった。石原と中曽根の仲は冷め切ってしまった。しかも、石原が人脈維持を怠っている間に、中曽根は石原の友人だった浅利慶太や飯島清を自分の人脈に取り込んでしまっていたのである。

ところが、バブルが崩壊し、未曾有の停滞期が続いた十年の月日が再び二人を近づけた。二〇〇一年に出版された二人の対談集『永遠なれ、日本』（前出）のあとがきで、中曽根はこう書いている。

「石原君と若干、世代と個性を異にする私が、対談集を出版することには、はじめ些か躊躇《ちゅうちょ》し、取り掛かるのには約半年の熟慮期間を要した。しかし、最終的に踏み切った要因は、彼とは世代を超えるある種共通の信念と人間観と愛国心を分かち合っているからであった」

石原に完全否定された〝歴史観〟については相変わらず分かち合っていないようだが、それはともかく、興味深いのは、中曽根が半年間も熟慮せねばならないほど石原との隔たりを感じていたことである。いまや石原と中曽根は〝右派〟という大雑把な括《くく》りでまとめられているが、中曽根は決して石原に心を許しているのではないことがわかる。

鬼籍に入りつつある「一橋大学人脈」

石原慎太郎は、その著書でも雑誌のインタビューでも、ある人物について語る際、しばしば「彼は同窓だから〜」とか「大学の同窓だったこの人は〜」等々のモノ言いを多用する。

実際、東大・京大のような日本の政財界の主流派となるような超エリート校ではなく、早稲田、慶應、日大のようなマンモス大学でもない、こぢんまりとしてなおそこのエリート校である一橋大は、かえって〝同窓意識〟が強いようで、石原自身も同窓人脈にはかなりの愛着を昔から持っていた形跡がある。

一橋大学ＯＢは「財団法人如水会」を組織し、定期的に人材交流や会合を行なうなど、良くいえば結束力が強く、悪くいえば排他的なのが特徴である。そこに石原は、いかに人脈を広げてきたのか。

まず、一橋大学ＯＢのなかでもっとも重要な役割を果たしてきたのは、日本郵船元常務で現在は郵船航空サービス社長を務める高橋宏である。如水会内に「石原慎太郎の会」を作り、三井不動産会長の坪井東を代表世話人に祭り上げ、自らは幹事長として一橋ＯＢ財界人の結集に動いた。引き込まれた会員は伊勢丹元会長・露木清、三菱商事元会長・田部文一郎、三井物産元会長・八尋俊邦、日商岩井元会長で日銀総裁を務める速水優など、錚々《そうそう》たるものだったという。しかし、ここ数年の間に、三井不動産の坪井、伊勢丹の露木、三菱の田部、三井物産の八尋といった主要メンバーが鬼籍に入り、残った日銀の速水も総裁交代が噂されている。会は事実上その影響力を失ったわけである。

また、「石原慎太郎の会」のメンバーではなかったが、近年親しくなったのが丸紅元会長の鳥海巌である。石原は丸紅の元会長・檜山広とはすでに知遇を得ていたが、鳥海と知り合ったのはそのルートではない。二人が親交を深めたのは、高橋が音頭をとってしばしば行なわれていた一橋大学昭和三十一年卒の同期会だった。この同期会には、海部内閣で経済企画庁長官を務め、晩年はセ・リーグ会長だった高原須美子も参加していた。鳥海と高原はその後、石原とは家族ぐるみのつきあいとなった。もっとも、高原はすでに他界し、鳥海も丸紅の経営難で苦しんでおり、「石原慎太郎の会」と同様、石原に大きな貢献をすることはもはや考えられない。

ところで、石原の一橋人脈には高橋を通さないルートもある。石原が事実上創設した一橋人脈のシンクタンク「一橋総合研究所」である。

その事務局長・鈴木壮治と理事・市川周との出会いは偶然だった。三人が初めて顔を合わせたのは、一橋大学の学生寮（寮長は市川）が主催した石原の講演会およびその打ち上げ宴会だった。その後二十二年を経て如水会の新年会で再会した三人は、民間シンクタンク設立の必要性について意見が一致し、石原が『「NO」と言える日本』（光文社）を上梓すると同時にその計画を実現させたという。その後、鈴木壮治は東京都政に携わったが、副知事・浜渦武生との抗争に敗れ、本業の日本リスク管理研究所に戻った。市川周は、ご存じのように、二〇〇二年九月の長野県知事選に立候補し、田中康夫と争って大差で敗れている。

現実政治の世界で敗れたことで、一橋総研の求心力の低下は免れない。一方で、高橋宏を起点とする一橋OB人脈も影響力ある重鎮たちが次々に死去しており、高橋という柱が折れれば求心力を失うのは目に見えているといえる。

側近＝子分たちの素顔

石原慎太郎は現在、〝政治家〟としてごく少数の側近に囲まれて活動している。彼らはいわゆる〝子飼い〟の子分たちで、人脈という流れとは別種のポジションに位置するが、最後にそうした側近たちを紹介しよう。

こうした存在でもっとも重要なのは、実は何を隠そう石原の長男・石原伸晃行革大臣である。伸晃はもちろん自民党のなかでは、〝中堅の上〟あたりの代議士だが、父・慎太郎の最強の側近かつブレーンでもある。

また、都知事という公職にある石原だが、その周囲には都職員ではなく、あくまで都庁に呼び込んだ子飼いの側近たちを配している。

まず、石原が一度は都議会に妨害されながら、執念で副知事に据えたのが、浜渦武生である。彼はその昔、石原が参院選立候補前に創設した支援者組織「日本の新しい世代の会」に、関西大学在学中に参加。卒業後、就職することなくいきなり石原の秘書になったという、石原側近のなかでも最古参の一人である。

また、石原の四男・延啓《のぶひろ》のニューヨークの大学時代の友人から、石原の側近となったのが都知事特別秘書・高井英樹。高井は石原の日程管理を一手に引き受けているが、とくに石原の〝夜の日程〟を知るのは彼だけであるともいわれているほどだ。

同じく現在、都知事特別秘書を務める兵藤茂は、元都知事選選挙スタッフだが、もともとは石原のヨット仲間だった人物である。

作家→参院議員→衆院議員→浪人→都知事、と政界を転戦してきた石原は、常にこうしたごく内輪の側近たちを引き連れて生きてきたのである。

そして「不純な取り巻き」が残った

振り返れば、石原はいつもごく少数のインナー・サークルとともに歩いてきた。その仲間たちとは、政治家・石原慎太郎の人脈というよりも、むしろ子分たちといったほうがいい。実際、秘書たちは石原を「親分」と呼ぶ。

若手作家だった石原が保守系政治家として育ってきた背景には、政財界の顔役たちとの人脈が大いにモノを言ったことは事実だが、そうしたタニマチが次々と鬼籍に入った今、逆に石原には政財界の確たる人脈というものがほとんどなくなってきている。結局のところ、政治家としての石原の支持基盤は都市住民であり、人気作家という優位性を持つ彼は、とくに人脈や集金力に頼らなくとも政治家でいられ続けた。というよりも、石原自身が、あくせくして人脈や金脈を開拓しようという田中角栄的・鈴木宗男的政治を軽蔑していたのだろう。

だから、首相を狙おうかという現在に至ってもなお、石原には中堅代議士ほどの資金力もない。たしかに、保守系政治家でこれだけの地位にありながら、これほど人脈・金脈に乏しい例は珍しいといえる。

石原の周囲にはむしろ、徐々に存在感を増す石原を利用しようとする人間たちが逆に大量に〝接近〟してくる状況が生まれている。こうした人物たちとは、石原自身もある程度距離を置いてつきあっているから、真の意味の〝人脈〟とは呼べない。石原は現在、そうした〝不純〟な取り巻きたちと、ごく少数の子分たちという二つの分極化した人脈に囲まれているといえる。

【回想録『国家なる幻影』】

「政財界コネクション」のルーツを探る

藤堂正臣（ジャーナリスト）

なぜ政財界にコネができたのか？

石原慎太郎は「さまざまな世界に顔が利く」あるいは「政財界のウラ事情に強い」ということを、自分からことさら強調しているフシがある。政治家のそういったパフォーマンスにはたいてい誇張が付き物だから、とうてい言葉どおりには受け取れないが、石原慎太郎が政治家のなかでも比較的広範囲に、人脈あるいは情報源を持つのはどうも事実のようだ。

だが、そこで疑問が湧く。もともと政治家二世でも高級官僚でもなく、ましてや地方議員でもなければ議員秘書ですらない、たかが流行作家だった石原慎太郎が、どのような人脈をいかにして政財界に広げていったのだろうか？

実は石原氏自身が、一九九五年に衆議院議員を辞職した後の〝浪人時代〟に、月刊誌『諸君！』に連載した回想録「国家なる幻影～わが政治への反回想」（九六年一月号～九八年八月号）にそのあたりの事情が詳しく書かれている。本人の弁だから、もとより自身に都合の悪い話は書かないだろうし、必ずしも〝事実〟であるという保証はないのだが、この回想録（九九年一月に単行本化されて出版され、二〇〇一年十月に文庫化されている。いずれも文藝春秋社刊）からだけでも、石原慎太郎人脈の輪郭がおぼろげながら読み取れる。

指南役は二人の大物

別項でも紹介されているように、石原慎太郎の人脈の原点は、東急グループ総帥の五島昇であり、その五島と石原とを結びつけたのが、月刊『経済界』主幹の佐藤正《せい》忠《ちゅう》だった。

だが、奇妙なことに、石原のこの回想録（以下、「石原回想録」）には、この二人との出会いについては一切書かれていない。五島に関しては、作家として劇団四季の浅利慶太と新劇場を作るための資金を調達しようと、「海での遊び仲間だった」五島にかけ合ったということが記されているだけだ。つまり、五島との関係は、もともとプライベートで〝純粋〟なものだったというつもりなのだろう。

一方の佐藤については、「不思議な縁で知己となっていた」と描写するに留めている。自分がもともと経済誌主幹などという仕掛け人的な人物に拾われたということは、ことさら自慢できる話ではないのだろう。ちなみに、佐藤はこの出会いを「石原さんが芥川賞を受賞（56年）して間もないころ、取材したのです」と話している（『サンデー毎日』二〇〇二年八月十八・二十五日合併号）。不思議な縁でも何でもないわけだ。

この佐藤は、実は六八年の石原の政界進出にも深く関与している。たとえば、石原回想録では、佐藤が石原を連れて日本鋼管の赤坂武社長（当時。以下、人物の肩書きはすべて当時）を訪問し、その場で参院選資金用の献金を引き出すシーンも出てくる。いかにも「ド素人の有名人が、事情通な玄人の手のひらで踊っている」ことを物語るシーンといえる。

名前だけは有名なド素人（流行作家というより、世間的にはやはり「裕次郎の兄」ということだったが）が政界に打って出るには、ほかにもさまざまな黒幕が暗躍した。石原回想録には、とくに八幡製鉄の藤井丙午副社長、京都産業大学の若泉敬教授、大映の永田雅一社長、産経新聞の水野成夫《しげお》社主らの名前が登場する。

いずれも一癖ある寝業師揃いだが、とくに石原自身が同回想録で「財界の政治部長ともいわれていた」と紹介している藤井は直接、当時の首相・佐藤栄作に石原を引き合わせた。石原はすでに佐藤正忠→五島昇ラインで中曽根康弘との交流があったのだが、なんとそこでいきなり日本のトップとのルートができてしまうのだ。この藤井についていて、石原は単に「すでに知己だった」として詳しくは触れていないが、こちらもどうやら、もともとは五島の引きで知り合ったようだ。

京産大の若泉は、佐藤栄作の密使として沖縄返還交渉に深く関わった人物だが、回想録によれば、彼が選挙参謀・飯島清を石原に紹介したとのこと。のちに大物政治評論家としても活躍することになる飯島は、石原の初出馬のときからその選挙のすべてを取り仕切り、事実上、政治家・石原慎太郎を作り上げてきた人物といえる。なお、若泉との接点については、石原は単に「すでに知己だった」としか触れていない。

大映の永田は、表社会のみならず裏社会にまで広く顔の利くフィクサーとしてあまりにも有名だろう。永田の後押しというのは、それなりに石原にとっては心強いものであったはずだが、どうも石原はあまりその点には詳しく触れたがらず、具体的な記述はほとんどない。知り合ったきっかけについては、「抱えている女優の日生劇場への出演依頼を快諾してくれた縁で近しくなっていた」と説明されている。

産経新聞社の水野については、回想録でもその〝親密ぶり〟がかなり強調されている。実際、石原が政治家となる前から全面的に支援しており、石原が政界に転身する際にももっとも強力にバックアップしている。右派言論界の仕掛け人でもあり、政財界の策士でもあった水野は、石原の指南役といっても過言ではない。

なお、水野との出会いについて石原は、「水野氏の知己を初めに得たのは弟の方だった」「いつの頃からか、私たち兄弟が気にいって自ら私たちの親代わりを名乗ってくれていた」とのみ書いているが、実際にはやはり五島ラインの縁だったようだ。

ちなみに、政界に転じた石原の最大の票田となる宗教団体・霊友会に食い込んだのも、『産経新聞』紙上で石原に新興宗教論の連載「巷の神々」を書かせ、その取材先として水野自らが同教団の小谷喜美《こたにきみ》会長を紹介したのが発端である。石原初出馬の際にも水野の計らいで小谷から霊友会の全面支援を取りつけたという経緯が、石原回想録にも記載されている。

いずれにせよ石原は、作家時代に東急の五島という後ろ盾と、産経新聞の水野という指南役を得たことで、大きくその人脈を広げていったということが窺える。

元A級戦犯からCIAまで

ところで、石原のタカ派人脈ということでよく指摘されるのが「中曽根人脈」である。石原は作家時代から中曽根康弘と懇意にしており、政界に転じてからも、中曽根の周辺にいる政財界人を軸にその人脈を広げていったといわれているが、そういった中曽根人脈について、石原回想録では直接にはほとんど触れられていない。

石原が中曽根と知り合ったきっかけについては、そもそもは『経済界』の佐藤正忠に紹介され、東急グループの五島昇の仲介でさらに深くつきあうようになったといわれているが、石原回想録では単に中曽根を「政治家としては一番早くから知り合っていた」とか「仲間で新橋で作っていた、それぞれの鍵で扉を開けて入るキイクラブ」の「常連のメンバーの一人でもあった」とのみ紹介している。いわば飲み友達だったというわけだ。

ちなみに、同回想録で石原は、（参議院に初出馬した当時）「私の政界での知己といえば中曽根氏くらいのものだった」と書いているが、一方では、議員になる以前に高碕達之助がエジプトのナセル大統領やインドネシアのスカルノ大統領を紹介してくれたとも記している。ということは、作家時代にすでに高碕の知遇を得ていたことになるわけだ。ちなみに、高碕は、戦前には満州重工業開発の総裁、戦後は電源開発の総裁を務めるなど実業家として鳴らし、以後、政界に転じて鳩山内閣や岸内閣で経済企画庁長官や通産相を歴任した人物である。

ところで、政界に転じた後のことでは、石原は回想録でしきりと自民党の大物代議士・賀屋興宣《かやおきのり》のことに触れ、その薫陶を受けた様を述べている。全体的にエラソーでゴーマンな姿勢に貫かれている石原回想録だが、賀屋に関しては〝崇拝している〟といっていいほどの謙虚な記述ぶりなのだ。賀屋は戦中、東条内閣や近衛内閣で蔵相を務めた元A級戦犯で、戦後も自民党政調会長、池田内閣の法相などを歴任、さらに日本遺族会会長も務めた右派の重鎮である。

石原は賀屋に「（参院の）当選後間もなく知り合った」と書いているが、こうしたタカ派の大物に私淑したことで、石原の〝右〟陣営での人脈はさらに広がりを見せたようだ。回想録で石原は、とくに国際的な人脈を賀屋ルートで開拓した様を述べている。

たとえば、台湾に関しては、「蔣介石総統や側近で日本通の張群氏と関わり濃い賀屋さん」が訪台する際に、「氏に誘われて同行し、晩年の蔣総統ともじかに話し合うことも出来た」と語っている。石原はよく知られるように、「反中国」「親台湾」の論客でもあるが、そのルーツはこのように賀屋コネクションにあったわけだ。

また、アメリカ政界との関係も、石原は賀屋ルートを足場にして築いている。石原回想録には、「なぜか足繁く賀屋事務所に出入りしていた、後にレーガン大統領の初代の特別補佐官となったリチャード・アレン」と知り合ったなどということも述懐されているのである。

さらに、ここで注目されるのは、石原が賀屋ルートでアメリカ情報機関にコネを作ったと語っていることである。具体的な記述は、以下のとおりだ。

「（賀屋が）CIA、DIAといったアメリカの情報機関からの日本向けの種々情報の窓口になっていた天川勇教授の限られた報告会のメンバーに私を推挙してくれた」

「その定例会とは別に賀屋さんはもっと裏の裏でこの人物を使い、情報の入手や逆にこちら側からの操作までやっていた」

「そうした関わりの残滓で、共和党政権の時代にはかなり中枢に近いところに、情報を交換できる相手の存在を持つことも出来た」

石原はしばしば、自分がいかにアメリカ政府筋にコネがあり、その裏情報に通じているかということをひけらかしているが、そのルーツもここにあったわけである。ちなみに、この天川勇という人物は、一般にはあまり知られていないが、戦中は海軍大学校教授まで務め、戦後は自民党福田派のブレーンとしても活躍した国際軍事評論家である。

「危機管理の男」とも〝コワモテ〟仲間

回想録『国家なる幻影』には、石原慎太郎が政財界に人脈を広げていった初期のころの経緯が、ほぼ以上のように記述されている。

まず最初のきっかけを作ったのが月刊誌『経済界』の主幹・佐藤正忠で、その紹介で出会ったのが東急グループの総帥・五島昇と中曽根康弘だということはここではなぜか触れられていないが、要するに、五島・中曽根という政財界の大物二人と、五島ルートで知り合った産経新聞社社主の水野成夫が石原のそもそもの黒幕であることは確かだろう。

また、政治家になった後は、右派の大物代議士・賀屋興宣の人脈も少なからず受け継いだといえる。とくに、台湾やアメリカ右派人脈とのコネという、その後の政治家・石原が盛んに〝国際派としての自分〟のセールスポイントとして強調している部分は、その多くが賀屋ルートを原点にしているわけだ。

タカ派政治家・石原慎太郎の人脈のルーツは、ほぼ以上のようなものだ。さらに、石原には得体の知れない右翼人脈の影もちらついており、その一部は回想録にも名前が登場するのだが、それについては別項で紹介するとして、この回想録ではそのほかにも多少気になる人脈について触れられているので、最後にいくつか紹介しよう。

まず、財界の重鎮だった永野重雄・商工会議所会頭。ただし、その関係に関しては、「私は個人的に永野氏の深い知遇を得ていて」としか述べられていない。

次に、のちに暗殺されるフィリピンの野党指導者ベニグノ・アキノ。石原とこの悲劇の人物との交流はよく知られているが、その発端についてはこう書かれている。

「当選して間もなく（中略）飛び込みでやってきた」

「そもそもは私が参議院に当選してからすぐに、突然彼が確か外務省の紹介で私の事務所にやってきた」

つまり、ここだけは意外なことに、たまたま知り合ったということらしい。

ところで石原は、コワモテらしく警察とのルートにもさりげなく触れている。

たとえば、最初の都知事選で美濃部亮吉候補に惨敗したが、そのときは警察筋から弟・裕次郎が、確度の高い分析情報を事前に入手していたという。

また、石原は六九年の大学紛争時に機動隊員を励ましたエピソードを述懐しているが、そのときすでに彼には警察幹部の友人がいたことも記している。今では「危機管理の男」としてマスコミ有名人となった元内閣安全保障室長の佐々淳行である。

そういえばこの二人、どことなく同じ匂いがする。結局、石原慎太郎の人脈にソフトなイメージの人間は一人もいないようだ（次男除く）。

ザ・石原宣伝機関――フジサンケイグループからテリー伊藤まで

【「マスコミ人脈」の全容】

島田四郎（ジャーナリスト）

意に沿わぬ記者はトバさせる！

一九九九年四月に石原慎太郎が東京都知事に就任した後、少なくとも三人のジャーナリストが、石原によってその人生を歪められた。

一人目は、『朝日新聞』の都庁担当A記者である。

九九年九月十七日、石原は、重度の知的障害・身体障害を持つ人の治療にあたっている「府中療育センター」を視察した。翌日、記者会見に臨んだ石原は視察の感想を述べるなかで、何を思ったか「ああいう人ってのは人格はあるのかね?」と目の前の記者たちに問いかけた。明らかに暴言だと言うしかないが、それを『朝日新聞』が記事にし、ちょっとした騒ぎになった。

この発言の意図について都議会で追及されると、石原は、「私の発言の真意は、行政の長というよりも一人の人間として、自らも思い悩むことを感じさせられ、そのことを自分自身にも、および記者の皆さんにも問いかけたものであります。ある新聞が、現場にも同行せずに、この発言を意識的に曲解し、あたかも私が障害を持つ方々の人格を傷つけた…（中略）…多くの読者に印象づけたことは、報道の正確性にもとり、許せぬ行為でもあります。これは卑劣なセンセーショナリズムであり、アジテーションであり、社会的には非常に危険なことだと思います」と逆にその記事を掲載した『朝日新聞』を批判した。

そして、朝日新聞社内部でそのときどのような経緯があったのかはわからないが、結果的にはその記事を執筆したA記者は都庁担当から外されてしまった。

二人目は、共同通信の都庁担当B記者である。

二〇〇〇年四月九日、陸上自衛隊第一師団練馬駐屯地で行なわれた記念式典で挨拶に立った石原は、「今日の東京を見ますと、不法入国した多くの三国人（すぐに言い直して）外国人が非常に凶悪な犯罪を繰り返している」と発言した。ところが、式典当日は新聞休刊日だったため、共同通信のみが速報を打電。主要新聞紙は翌日になってから同発言を報じた。

その後、周知のとおり、この「三国人発言」は大きな批判を集めた。辞書によって説明は異なるものの、「三国人」という言葉は、戦中・戦後、国内に在住していた中国人や朝鮮人の俗称で、差別的な意味合いをわずかなりとも含んでいたため、人権団体をはじめ韓国や北朝鮮までが抗議行動を開始し、一挙に国際問題化したのだった。ところが、石原はさらに記者会見で、謝罪するどころか再び報道批判を繰り返した。速報記事を執筆したB記者を名指ししたうえで、「共同の記事は『三国人』の前にある『不法入国した』という部分を削っている」と、前述の朝日新聞事件と同様、記事の不備を批判したのである。

さらに石原は、共同通信を名誉毀損で告訴しようとにわかに動き出す。これに対し、共同側はやむをえず石原に対して一札を入れる。言論人として最大の屈辱ともいえる、事実上の〝詫び状〟を提出したのだ。そして、当事者であるB記者も、都庁担当を続ける意思を持ちながら、あえなく都庁を追われたのである。

石原によって人生を歪められた新聞記者がもう一人いたという事実は、ジャーナリスト・斎藤貴男の取材によって明るみに出た（『世界』二〇〇二年七月号）。『日本経済新聞』の都庁担当C記者がその人である。以下、斎藤の記事の主旨を簡単に紹介しよう。

まず、石原の都知事就任当初、当時は特別秘書だった浜渦武生・現副都知事が記者席に陣取って、若い記者を怒鳴りつけるという越権行為を続けたため、C記者が議会運営委員会を通じて抗議したことがあった。さらに、C記者が石原を独裁者アドルフ・ヒットラーに喩《たと》えたという話が、政界ルートから石原本人に伝わってしまう。こうして石原陣営の心証が悪くなっていくなか、C記者はダメを押すように、当事者である渋谷区にも秘匿して東京都が進めていた「原宿留置所建設計画」を他紙に先駆けてスクープした。この間、浜渦副都知事は日経新聞本社に社長を訪ね、応対した幹部にC記者の悪口をまくし立てるなど、圧力をかけ続けたという。

C記者の行為は、このようになんら問題があるものではなく、それどころか地方自治体の幹部が一新聞社の人事に口を出したのだとすれば、それは「表現の自由」に対する重大な挑戦ともいえる話だ。にもかかわらず、石原に疎《うと》んじられたC記者は、定期異動という隠れ蓑《みの》でカモフラージュされはしたものの、結局、都庁を追放されることになった。

三人のジャーナリストたちは、いずれも石原に不利な記事を書いたことで都庁を追われている。都知事という絶大なる権力を背景に、曖昧《あいまい》だがもっともらしい理由をつけ、正義は我にありとばかりに言論弾圧を行なうのが政治家・石原慎太郎のやり方だというしかないだろう。

石原宣伝機関「フジサンケイグループ」

ただし、以上のような例は、いわば「非常事態」であり、平常時に記者の個人攻撃という〝伝家の宝刀〟を抜くことはない。石原流マスコミ操作術は、もっと奥が深い。むしろ、非常事態の発生を事前に防ぐ「危機管理」にこそ、石原流の神髄はある。

まず、石原はおそらく、マスコミ業界の〝狭さ〟に目をつけたと思われる。日本の新聞社・テレビ局・出版社は、たとえば日本経済新聞社＝テレビ東京＝日経BP社のように、たいてい系列企業グループを作っている。だから、グループのトップを押さえれば、いとも簡単に業界横断的な情報操作が可能になるのである。勘のよい石原は、早くからそのことに気づいていたようだ。

石原のマスコミへの浸透に関していえば、すべてのきっかけとなったのは、元産経新聞社社主の故・水野成夫《しげお》との出会いである。「財界四天王」の一人にも数えられる財界の実力者でもあった水野は、マスコミ操作のためだけでなく、石原が政界に地位を築くために不可欠の存在だった。

石原は著書『国家なる幻影』（文藝春秋）の中で、

「水野成夫氏はいつの頃からか、私たち兄弟が気にいって自ら私たちの親代わりを名乗ってくれていた」

「水野氏の知己を初めに得たのは弟の方だったが、結果としては私の方がはるかにあの超ワンマンで個性的で、古い教養の溢れていた水野氏を存分に活用利用したものだ」と書いている。

水野の提案で始まったという『産経新聞』の連載「巷の神々」を皮切りに、石原は何度となく紙上に登場している。水野、さらにその次の社長で同じく石原を支援した鹿内信隆が他界したのちも、『産経新聞』との蜜月は相変わらず続いているようで、現在もコラム「日本よ」を連載中である。歴代トップとの関係上、また人気コラムを連載している都合上、同紙は石原に不利な記事はいっさい掲載できないらしい。

わかりやすい例は、先に挙げた「三国人発言」事件だ。弁明記者会見の内容を「国民に真意説明へ」と伝えた『産経新聞』の続報に目を通していくと、そのあまりの露骨さは、いささか滑稽《こっけい》ですらある。紙面には次のようなタイトルが躍る。

「三国人とは差別語なのか」

「ヤミ社会では強者だった」

「三国人発言への非難は石原叩き」

「あげ足とりで国の未来なし」

反対意見は一行も見当たらない。戦後、一新聞社の言論をこれほど徹底的に独占した政治家は、おそらく石原一人くらいではないだろうか。

しかも、水野成夫を取り込んだことは一新聞社を取り込んだ以上の意味があった。『産経新聞』はいわゆる「フジサンケイグループ」に属する企業の一つにすぎない。同グループにはフジテレビ（テレビ）・ニッポン放送（ラジオ）・扶桑社（出版）・ポニーキャニオン（映像・音楽）など、マスコミ業界に大きな影響力を持つ企業が含まれている。この巨大なグループ全社が一斉に親石原的報道を繰り広げるのだから、石原にとっては強力な後押しとなるのである。

扶桑社にいたっては、今年、石原の財界ブレーンで、〝応援団長〟を務める前野徹・東急エージェンシー元社長が執筆した『最後の首相』という本すら出版している。酸いも甘いも知り尽くしたはずの前野が、恥ずかしげもなく「私は生ある限り、石原さんを応援していきたい」と言ってのける姿は、宗教がかっているとしか表現のしようがない。

天下の文藝春秋も私物化

文藝春秋社のバックアップも、忘れてはならない要素の一つである。そもそも、石原慎太郎という一種のカリスマを生み出したのは、文藝春秋が主催する「芥川賞」だった。七十歳となった今も審査委員に名を連ねる石原は、「文藝春秋があるから今の私もある」と常々語っており、その絆は固い。

もちろん、これが文学畑に限った話なら問題はないだろう。しかし、利用できるものはすべて利用するのが石原。そんな分別は望むべくもない。七二年、論壇誌『諸君！』における作家・今東光との政局対談をきっかけに、その年だけで六回、その後も年に二、三回は寄稿し続けている。石原の〝文学性〟を買ったはずの文藝春秋が、いつの間にやら政治家・石原慎太郎の宣伝部さながらになってしまったのである。

たしかに、石原が何か寄稿すれば、一定部数は間違いなく売れる。営利企業にすぎない出版社からすれば、石原が何を書いてきても掲載しないわけにはいかないだろう。そういった馴れ合いを続けた結果、『諸君！』だけでなく、硬派ジャーナリズムを標榜する『文藝春秋』や『週刊文春』さえも、今では正面から石原を批判することができなくなっている。

『週刊文春』の関係者は、こう語る。

「芥川賞があるから、当然、露骨なバッシングはできませんよね。ウチでやれるのはせいぜい本人のインタビューと、ネタが尽きたときにやる石原新党モノくらい（笑）。バックナンバーを見てもらえばわかるんだけど、『文藝春秋』本誌でさえ、石原の奥さんが慶應大学を卒業したときに『卒業の記』なんてのを書かせてるくらいだからね」

見城徹という子分

とかくスキャンダルの出所になりやすい出版業界。石原の〝監視網〟は、文藝春秋社や先に挙げた扶桑社以外にも、要所要所に張り巡らされている。徳間書店や幻冬舎、光文社のような中堅出版社がそれにあたる。

たとえば徳間書店には、芥川賞受賞時から石原と長いつきあいのある故・徳間康快《やすよし》社長がいた。石原の都知事就任後、徳間は東京都写真美術館館長に任命され、名実ともに石原の文化政策における後見人になる。スキャンダル週刊誌『アサヒ芸能』には、当然のことながら石原に関する批判記事はほとんど見られない。それどころか、大下英治の連載「石原慎太郎TOKYO同時革命」を掲載し、石原都政のPRを買って出ている。

また、幻冬舎の見城徹社長は、自他ともに認める石原慎太郎の〝信者〟である。見城が角川書店の新入社員時代、赤いバラの花束を持って石原を訪問したことは業界の伝説になっている。さらに、見城社長は雑誌のインタビューに答えて、存命中の作家で本当のベストセラーを書けるのは五木寛之と石原の二人しかいないとも語っている。実際、幻冬舎から出版された『弟』と『法華経を生きる』、さらに『老いてこそ人生』は、どれもベストセラーになっているから、見城のビジネスセンスは疑うべくもない。

この見城社長を〝子分〟にしているということは、石原のマスコミ対策にとっては非常に大きな意味がある。見城自身が、〝芸能界のドン〟バーニング・プロダクションの周防郁雄社長や、写真週刊誌『FRIDAY』（講談社）元編集長の加藤晴之といった幅広い人脈を持っているからだ。

見城本人は否定しているが、こんなウワサもある。

「九九年、『FRIDAY』が自分の愛人・隠し子疑惑を報道しようとしているのを耳にした石原氏は、記事を差し止めさせるため見城さんに相談したらしいんです。〝子分〟である見城さんは、日ごろから親しくしていたFRIDAY編集長の加藤氏にすぐ電話を入れ、記事を差し止めさせ、その代償として、石原氏と彼のパトロンといわれる徳田虎雄・徳洲会理事長との密会現場を撮影させたといわれています。もっとも、それにもかかわらず『FRIDAY』側は、都知事選後にこの愛人疑惑を記事にしてしまいましたが……」（月刊誌記者）

意外と役立つテリー伊藤

放送業界にも触れておこう。

石原は、東京ローカル局・MXテレビの若者向けバラエティ番組『Tokyo，Boy』に出演している。東京都が出資する局なので、出演することそのものはとくに不思議ではない（TBSの『世界ふしぎ発見！』をパクった東京都政PRコーナーもある）。

だが、問題は、この番組をプロデュースしている演出家のテリー伊藤とのあまりの癒着ぶりである。テリーは、九九年の東京都知事選では鳩山邦夫候補を強力に支援していたものの、石原勝利がほぼ本決まりになると、開票当日に手のひらを返したように石原を〝ヨイショ〟するような人物である。おそらく商売人のテリー伊藤が一方的に石原サイドに擦り寄ったのだろうが、石原もそれを意識的に利用しているようにも見受けられる。

石原の宣伝を、テリーが自分の出演する各局の情報バラエティ番組で行なっていることは、石原にとっては大きなメリットである。テリーはいまや売れっ子のコメンテーターであり、根拠のない独断で自分の意見を強引に押しつける話術にはなかなかのものがある。まさに電波を使った洗脳といえる。

天敵は朝日新聞

以上、石原のマスコミ戦略は、刃向かう者への徹底的な「弾圧」と、人脈を利用した「情報操作」の二重構造になっていることをここまで述べてきた。最後に付け加えるならば、石原は意図的に「敵」と「味方」という対立構図を作り上げることにより、自らを常に「渦中の人」として位置づけることで、そのアイデンティティを保ってきたといえる。

たとえば、「敵」の最たるものとして挙げられるのは『朝日新聞』である。『諸君！』二〇〇一年六月号で、石原は「『朝日（新聞）』について、いまさら何か言うことはないし、向こうが何を書いても何とも思わないな」と文頭で言っておきながら、その後約八ページにもわたってしっかり朝日新聞批判を繰り広げている。

要するに、石原が言いたいのは、『朝日新聞』は自分の主張とまったく反対で「中共・韓国寄り」だからケシカランということだ。それだけのことを八ページ分にも膨らませる文学的センスには、なるほど目を見張るものがある。

石原は、閣僚時代はもとより、都知事になってからも番記者との衝突が絶えないなど、マスコミとハデなケンカをすることで名を売っているが、反面、マスコミ対策の名手でもあることは間違いないようだ。

【石原コネクションの伏魔殿】

タカ派・石原慎太郎と「右翼人脈」の微妙な〝絆《きずな》〟

伊藤博一（ジャーナリスト）＋編集部

日本青年社から霊友会まで

政治家には珍しく、石原慎太郎は右翼人脈との〝接点〟を自ら、しかも誇らしげにあちこちに書いている。なかでも注目されるのが、回想録『国家なる幻影〜わが政治への反回想』（文藝春秋）である。

同書に登場する石原と縁があった人物のうち、右翼系人脈、あるいはそこに何らかのコネクションを持つ著名な人物をピックアップしてみると、以下のような名前がズラリと並ぶ。

中曽根康弘、賀屋興宣《かやおきのり》、永田雅一、末次一郎、清水行之助、頭山立国、大平光洋――。

また、親右翼系の団体として宗教団体「霊友会」、さらに右翼団体そのものの「日本青年社」の名前も登場する。

これらのことから、石原はやはり強固な右翼人脈に支えられていると考える人もいることだろう。だが、結論からいえば、石原の右翼人脈は、それほど単純ではない。石原の場合、こうした右翼人脈とはむしろ一定の距離があるようなのだ。

順を追って見てみよう。

元首相・中曽根康弘と石原との関係は、すでによく知られている（百四十五頁参照）。もともとは石原が作家だったころに知り合い、意気投合した仲だったという。石原の政界進出をウラで仕掛けた中心人物の一人でもあった。

この中曽根自身、「血盟団」系右翼の四元義隆を指南役とするなど、政界ではとくに右翼人脈に近い政治家として有名だが、こうした人脈に若き日の石原が関わった可能性は当然ある。ただ、石原自身は中曽根とともに右翼系人物と同席した話などは一切書いておらず、それ以上のことはわからない。

元A級戦犯だった賀屋興宣は、戦後も自民党政調会長や日本遺族会会長などを歴任した右派の大物代議士で、石原は参議院議員になった直後に知り合ったと自ら書いている。石原はこの人物に私淑した様をことさら強調しており、賀屋ルートでアメリカの共和党右派人脈やCIAなどの情報機関、または台湾政府中枢などと特別なコネクションを確立したと〝自慢〟している。ただ、賀屋自身が日本の右翼界とは微妙な関係にあったともいわれており、石原も賀屋ルートでの右翼人脈についてはとくに触れていない。

永田雅一は、戦前に撮影所の手伝いから映画界入りし、一九四七年三月に「大映」社長にまで昇りつめた人物である。その長広舌で「永田ラッパ」の異名をとった彼は、時の権力者・河野一郎と太いパイプを築いたうえ、オモテ社会ばかりでなくウラ社会にも広く顔が利くフィクサー的存在だったことはよく知られた話だ。

石原の回想録『国家なる幻影』によると、石原は作家時代、日生劇場の取締役に名を連ねていた関係で永田と知り合っており、政界転出の際もいろいろと便宜を図ってもらっている。ただ、その後の関係については、とくに噂らしい噂もなかったようだ。

こうした人物以外は、まさに「右翼」そのものということになるわけだが、その前に、「霊友会」との関係について触れておこう。

霊友会は、日蓮宗系の新興宗教で、以前から右翼人脈との関係の深さを指摘されてきた教団である。とくに、ライバルである巨大教団「創価学会」が関連政党「公明党」を立ち上げて政界進出したのを受け、姉妹教団である「立正佼成会」などとともに、自民党の右派政治家を支援してきた。

そんななか、石原は政界進出にあたり、自身の後継人的立場だった水野成夫《しげお》・産経新聞社社主（当時）を介して霊友会の支持を取りつけ、以後、大量の組織票を獲得することに成功している。

政治家となった石原はその後、まさに霊友会の意に沿ったような創価学会批判を繰り返し、作家としても法華経関連の発言を続けており、ただ単純な〝右翼つながり〟というものではないようだ。

アキノ奪還計画の真相

では、いよいよホンモノの右翼人脈について見てみよう。

まずは末次一郎だが、この人物はもともと陸軍中野学校出身で、戦後の四九年に「日本健青会」を結成し、のちに会長になり、戦犯家族の支援などの戦後の処理活動に専念した青年運動の指導者である。

また、沖縄復帰運動や北方領土返還運動に取り組み、「安全保障問題研究会」を主宰。中曽根康弘をはじめとする歴代首相の指南役・助言者としても知られた存在だったが、二〇〇一年七月に病死している。

この末次について、石原は『国家なる幻影』で、「ある縁で知り合った」とだけ記述している。ただ、末次はその後半生のほとんどを北方領土返還運動に費やしてきたが、主に尖閣諸島死守運動に力点を置いてきた石原とは、運動を通した接点はあまりなかったようだ。

それよりも、『国家なる幻影』でもっと生々しいのが、老右翼・清水行之助とのエピソードだろう。

八二年（昭和五十七年）の総選挙に前後した時期、石原はフィリピンの獄中にあった友人の反体制政治家ベニグノ・アキノがマルコス政権によって謀殺されるという情報を入手し、その奪還計画を立てた。のちにこの謀殺は中止されたために奪還計画も取り止めになるのだが、石原は同書で当時の様子を次のように記述している。

私は意を決してある日、その子息との知己の縁あって日頃懇意だったある人物に、ある相談を持ち掛けに出かけていったのだった。

相手はかつての幻のクーデタといわれた三月事件の首謀者の一人、当時ではたった一人存命の、いわば日本の最後の本物の右翼ともいわれていた清水行之助氏だった。

氏の事務所は民族派の右翼連中の出入りする日比谷の日本倶楽部の入り口横にあって、まあ当時の日本のその筋のうるさい連中の溜まり場にもなっていた。

そんな相手の事務所に出向いて、

「先生、一つ黙って私のために二千万円つくっていただけませんか」

（中略）

「で、どうやって救い出す」

「彼の繋《つな》がれている監獄の見取り図も手に入れました。後は向こうと連絡とって日を選び、船で乗りつけて彼をさらいます。監獄はどこかの入り江に面していて、海からの接近は簡単で警備も薄いそうです」

「あなた一人で出来はしまいが」

「専門家を連れていきます」

「どんな」

「自衛隊の特殊訓練を受けたことのある男たちです」

「なるほど、何人くらい」

「三人。それと船を動かす専門家と、後は私が」


そこに描かれているのは、現役の国会議員が自ら傭兵部隊を指揮して海外の独裁政権部隊と一戦交えようという破天荒な計画であり、そこに大物右翼が関わろうとしていたというストーリーなのだから、驚きである。

では、ここに登場する清水行之助とはどんな人物なのだろうか。

彼は、十九歳で中国大陸に渡り、〝大陸浪人〟の末に上海で北一輝と会い、その門下に入った国家主義運動家である。昭和十九年には「猶存社」に参加し、その後、「大化会」「大行社」を設立して、会長に就任した。現在の「大行社」は八一年、前総帥の岸悦郎が再興したものだ。

戦後、欧米人とダンスに興じる日本人に激怒し、帝国ホテルに日本刀を持って乗り込む事件を起こしたこともあったが、大井競馬場建設に尽力して「東京都競馬」の取締役相談役を務めたり、西パプア独立組織に資金援助を続けたりしたことでも知られる右翼の重鎮である。八一年六月、享年八十五でこの世を去っている。

こうした人物とこのような戦闘計画を立てていたというのだから、石原のコワモテぶりはポーズ以上のものと考えざるをえないが、清水との関係については、「石原が吹聴するほどのものではないのではないか」という声もある。

清水の晩年を知る右翼関係者は、取材に対してこう語るのだ。

「清水先生が、子どもや孫ほどの年齢差がある若い人も可愛がっていたのは事実ですが、私には、清水先生と石原氏の二人では〝水と油〟ほどの気質の違いがあるように思えてしかたありません。それほど深い関係というものはなかったように思いますが」

尖閣諸島上陸の手柄話、その虚実

前述したように、『国家なる幻影』には、頭山立国、大平光洋、さらには日本青年社といった名前も登場する。七〇年代初めごろの尖閣諸島死守運動に関する記述がそれだが、その件を引用してみよう。

私が青嵐会の仲間に計って資金を集め、民間からも醵金《きょきん》してもらい純粋な右翼として地味な活動をしていたかつての大立者頭山満翁の孫にあたる頭山立国氏、そして大平光陽《ママ》氏にもちかけ関西の大学の冒険部や山岳部の学生を募り、尖閣の魚釣島に上陸させ持ち込んだ限られた機材で鉄のポールに電球をぶら下げ、足元のバッテリーに繋いで灯を点すだけの粗末な灯台をまずは作らせた。

（中略）

その後第二次隊から参加し出した日本青年社が、やがて現地にソーラー式の立派な灯台を建設し、（後略）

石原の記述を素直に読むならば、石原が中心になって行動した青嵐《せいらん》会主導の尖閣諸島での灯台建設運動に、頭山立国と大平光洋が誘われ、さらにそののちに日本青年社が関わっていったという経緯だったということになる。

なお、ここに登場する頭山立国は、石原が書くように、かつて日本の右翼界をリードした「玄洋社」の主宰者・頭山満の孫で、フクニチ新聞社の社主も務めた人物。一方の大平光洋は、右翼の名門団体の二代目社長N氏の娘と結婚した人物だが、同団体の初代社長がかの児玉誉士夫の知恵袋的存在だった関係から、大平自身も児玉一門の流れを汲む右翼を公言している。

こうしたホンモノの右翼たちが、尖閣諸島の運動で、石原と深い関係にあったというのだが、この点について、当時の関係者はこう証言する。

「実は、尖閣諸島への上陸活動を最初に仕掛けた中心人物は松浦良右氏です。その松浦氏と一緒に動いていたのが、大平光洋氏のグループだったんですが、その彼らが頭山立国氏の門下生に当たるんです。実際に資金的に援助したのは、松浦氏や大平氏だったと思います。

あのとき、中国の漁船団が大挙して押しかけることになったりしたため、それを契機にローテーションを組んで『全愛会議』が行ったりし、そのうち『日本青年社』が行き始めるようになりました。その過程で灯台が建設されるわけですが、今の灯台は石原さんが金を出させて作らせたというわけではないですから、日本青年社の側では、尖閣での行動を自分の手柄のように吹聴する石原さんには反発もあるようです」

どうやら、こうした右翼人脈と石原とは〝べったりの関係〟というわけではなさそうなのだ。

もちろん、尖閣諸島での運動に関し、石原が〝同志〟である日本青年社を高く評価しているのは事実のようだ。したがって、石原と同団体との関係を勘ぐる向きもあるのだが、前述したように、両者の関係はそれほど密接なものということではないようだ。

たとえば、『世界』二〇〇二年七月号では、「74年に石原の対立候補の選挙参謀が石原の秘書らから暴行を受けて問題化しかけたとき、日本青年社の会長から揉み消し圧力がかかった」との疑惑が取り上げられているのだが、取材では、その真偽はどうもハッキリしないのである。

怪人物・松浦良右との接点

一方、ここで名前が出てきた松浦良右なる人物と石原が、かなり親しい間柄だったことは事実のようだ。

この人物は、右翼人脈に位置しながら、つい数年前まで自らが顧問を務める「法曹政治連盟」（弁護士団体）を組織してパチンコの換金合法化を提唱し、利権獲得を狙う警察官僚を牽制するなど、日本のウラ社会でも広く知られている怪人物である。八二年三月には、空調工事会社「ナミレイ」の会長として、一部上場の同業大手「高砂熱学工業」に株の買い取りを迫り、恐喝や強要容疑で東京地検特捜部に逮捕されたという過去もある、いわくつきの人物でもある。

松浦自身の言葉によれば、「最初に会ったのは（中略）72年ごろで、尖閣列島に一緒に上陸したのがはじまりだった。議員を辞めてからもここ（日本法曹会館）に2、3度は来たと思う」（『噂の眞相』九七年一月号）とのことだ。

石原は、破天荒かつコワモテで知られるこの男を、かつて手放しで褒めちぎっていた。

七九年に出版した随筆集『戦士の羽飾り』（角川書店）でも、Mのイニシャルで次のように紹介している。

Mの会社は、先代の父親が興したものを、Mを中心にしたまだ30代の3人兄弟が、中小企業から、すでに2部では上場可能な大企業にまで育て上げて来た。この男はもう日本国内での仕事には見切りをつけ、彼の天才的な勘で、本業以外の事業や金融で儲け蓄えた資金を、海外で有効に使って事業をしようと決心し、目下それに専心している——。

まるで、裸一貫から身を起こし、大企業に成長させたサクセス・ストーリーの主を〝激賞〟するPR本の筆致である。

そんな松浦との親密な関係を、石原は同書で次のように披露している。

私が所用でコスタリカの視察に行った時、彼も丁度、港湾構築の仕事の打ち合わせに来ており、総理の手紙を大統領に渡す際、相手側に陪席し私を紹介してくれ（中略）彼が顔見知りの、新しい大統領の副大統領となる若い弁護士にも私を紹介してくれた――。

このように当初は松浦との関係を隠そうともしなかった石原だが、回想録『国家なる幻影』においては、その名前を登場させていない。おそらくそれは、松浦が企業の乗っ取りに絡む強要、恐喝事件で逮捕、起訴されたことと無関係ではないだろう。実際、その当時、松浦の引き起こした事件のウラに、石原が関与したという根拠のない噂が出回ったことも事実である。

当時、『週刊サンケイ』八二年四月八日号で、石原本人に代わり、柳原常晴秘書が二人の関係について次のように弁明している。

「7、8年前からのつき合いでしょうか。以前、石油鉱脈があるといわれた尖閣列島の問題で、政治家が何もしなかったのに、彼（松浦良右）は、（強行上陸した右翼青年たちに）お金を出して全面的にバックアップしたでしょう。それに代議士は感銘し評価していたようですよ。つき合いといっても、彼が議員会館とか事務所に来て、代議士に海外の政治的情勢の分析を頼むぐらいです。政治資金は2、3年前まで公定費用の枠内でおつき合いがあったようです。とにかく、文学者の目で見て人間的に魅力があったということですから、道義的責任といわれても……。代議士も〝どうしちゃったんだろうな〟と首をかしげていますよ」

野村秋介との微妙な交友

最後にもう一つ、石原のあまり知られていない〝右翼人脈〟について紹介しておこう。新右翼の大物活動家だった野村秋介との〝微妙な関係〟について、である。

二人が知り合うきっかけは、八二年の新井将敬の選挙妨害事件だった。大蔵官僚出身の新井は、当時、石原の選挙区からの立候補を予定しており、石原陣営の警戒を呼んでいたのだが、そのため、石原の秘書・栗原俊記が新井の選挙活動のポスターに「六六年北朝鮮から帰化」と書かれたシールを大量に貼っていたことが発覚したのだ。ちなみに、新井はその後、在日朝鮮人出身としては初の代議士となったが、九八年に不正株取引疑惑で自殺している。

まさに石原陣営の卑劣な選挙妨害だったが、それはシール事件後もさらに続いた。翌八三年四月、新井の両親の古い戸籍の写しが、選挙区の町会長や商店会長宛てに郵送されてきたのだ。もちろん差出人は匿名だったが、同時に新井の家族にまで嫌がらせの電話が相次ぐようになった。

こうした事態を受け、ついに同年五月十六日、新井陣営は石原の元秘書（形式的には事務所を辞めていた）を東京地検に告訴する。ところが、なぜかその後、取り下げられてしまった。そこに関係したのが野村だったのである。

当時の様子が『人間ドキュメント～野村秋介』（山平重樹・二十一世紀書院）にこう記されている。

『先生、石原がまた汚いことをしている』

と、ある知り合いの女性から野村のところに電話が入った。

女性は石原と同じ選挙区（東京2区）から同じ自民党公認候補として衆院選に立候補している新井将敬の支持者であった。石原、新井とも野村の住む蒲田を選挙区にしていたのである。

この女性が、「石原がまた汚いことをしている」といったのは、石原陣営には前科があったからだった。前回の衆議院議員選挙に際しても、その期間中、新井候補に対して卑劣な選挙妨害を行っているのだ。

どういうことをやったかといえば、新井のポスターに、

「この男は朝鮮からの帰化人である」

というシールを夜中に貼って歩いたのである。

（中略）

野村自身、その事実を知ったとき、非常に不愉快な思いをしたし、寂しかった。何より日本人として恥ずかしくてならなかった。大勢の韓国の友人たちに対してすまない気持ちでいっぱいになった。


当時の野村事務所の関係者が、こう振り返る。

「とにかく石原陣営の嫌がらせはひどかった。たとえば、蒲田駅の西口にあった新井の事務所前に、約十台もの石原陣営の車が駐車して動こうとしない。普通なら警察も駐車違反で取り締まるのに、見て見ぬふりだった。『なぜ取り締まらないんだ』ということで我々が乗り込んで大騒ぎになったり、その後もいろんないきさつがあった。で、だんだん野村と石原のケンカのようになってきたのだが、周囲の心配もあって、最終的には石原とも新井とも面識がある栗本慎一郎が間に入って、手打ちというか、和解したんだ。それ以降、野村は石原とも良いつきあいをするようになった」

その間の経緯を、栗本自身は週刊誌上で次のように話している。

「北朝鮮シール事件を知った大田区蒲田出身の野村氏は当時、その差別的行為に怒り、石原慎太郎陣営に殴り込んだ。以来、新井は、野村氏に対して恩義を感じ、またその思想にも共鳴するところがあり、野村氏と緊密な親交を持つようになっていったようだ。そして、北朝鮮シール事件から10年後の93年7月。私は衆院選に初当選。同じ年の秋、私は、かねてより親交のあった野村氏と石原慎太郎氏との、初めての会合を仲介した。この場で、石原氏は事件については自分の意思ではなかったが、申し訳ないことをしたと語り、それを野村氏は認め、10年越しの闘争に一応の決着をつけることになる」(『週刊宝石』九八年四月九日号)

こうして石原は野村と〝和解〟し、以後は「良いつきあい」をするようになったわけだが、それでも両者の距離は埋まらなかったようだ。

「たしかに、野村が自決するまで石原との友好関係は続いた。でも、新井に対して陰になって選挙応援をしたような支援は、石原には一切なかった。そもそも、石原から何か頼まれたりしたこともないんだから、野村が彼の右翼人脈の一人というのは正しくないね。

野村の著書に関する批評だとか、映画に対しての論評はしてもらっていたが、個人的に二人で酒を飲み交わすなんてことはまずなかった。

野村は自決する二週間前に、モロッコで撮った写真を形見分けみたいに約十人ぐらいの人に贈ったことがある。そのとき、僕が『石原さんには贈りますか？』と聞いたところ、『それはいいよ』と素っ気なく言ったぐらいだからね」（前出・元野村事務書関係者）

現役右翼関係者からの意外な評価

以上、見てきたように、石原慎太郎は、これまでさまざまな右翼人脈と複雑な接点を持ってきたのだが、それはいわゆる〝右翼人脈〟と呼べるものとは若干趣を異にするものだったようだ。

そもそも、石原はいつから右翼的言説を主張するようになったのだろうか。

石原はもともと、学生時代より当時の左翼学生運動に批判的な立場にあったようだ。その後、若手人気作家としてデビューし、新世代を売り物に文壇での発言力を強めていくが、当初はあの大江健三郎とも行動をともにするなど、右翼色を前面に打ち出していたわけではない。大江と距離をおき、徐々に江藤淳とつるんで文壇の左翼傾向を批判するようになるのは、少し後のことである。

もっとも、当時、文壇の右翼スターといえば、いわずと知れた三島由紀夫だった。石原は三島とも密接な交流を続けるが、三島がその周囲に行動派の右翼青年たちを集め元特務機関長・藤原岩市などの極右人脈との関係を深めていったのに比べ、石原はそうした陣営にはいっさい加わることはなかった。

イメージとしていえば、石原の右翼傾向はあくまで言葉上のものであり、三島のような行動を伴うものではなかったのである。

こうした経緯から、世間一般にはウルトラ右翼のように思われている石原だが、もともと右翼陣営からは〝身内〟とは見られていなかったようなのだ。

民族派右翼のある理論家はこう語る。

「石原は青嵐会のときもそうだったが、たしかにタカ派のイメージはあっても、右翼全般からすればそれほど期待されてなかった。都知事になってから右翼的な言動が目立ち始め、我々の間でも石原待望論が出てくるようになったが、それ以前は逆に『公序良俗を汚すような本ばかり書いている』というイメージが結構強かったんだよ。

石原のような保守系のタカ派政治家というのは、『俺はタカ派だけど、右翼じゃない』というポーズをとっておかないと、マスコミから『右翼だ、ファシストだ』と非難され、そういうレッテルを貼られることを極度に嫌う。発言内容は我々とほとんど変わらなくても、『俺は右翼も嫌いだけど、左翼のシンポジウムはもっと嫌いだ』といった言い方をするだろう。それが石原のポーズというか、美学かもしれないけど、いわゆる右翼とつきあわないことを、一つのポリシーにしてたんじゃないかな」

一方、自民党政治家の大物たちが、戦後、最近まで、いわゆる〝ウラのフィクサー〟としての右翼人脈とどっぷりつきあってきたことは周知の事実である。

ところが、石原慎太郎の場合、そうしたウラのコネクションもほかの保守系政治家と比べ、「逆に少なかった」という指摘もあちこちで聞く。

政界の裏事情にも詳しいある右翼関係者もこう証言する。

「石原は結局、国政の中枢にいなかったということなんだね。だから、我々に物事を頼んでくるような政治家と違い、利権や利害が生まれるところに身を置くことがなかったんだろう。相手にされなかった部分もあるだろうしね。『彼に何か依頼したら、こうなる』みたいな、鈴木宗男的体質は持ち合わせてないし、逆に、宗男的体質をフンと鼻であざ笑っている印象もあるね」

だが、こうした石原慎太郎の〝浅い右翼人脈〟が、最近、別のかたちに変質しつつあるのでは、という指摘は見逃せない。

この右翼関係者がこう言うのだ。

「今、たしかに民族派右翼のなかでの石原の評価がだんだん高まっている。ほかの政治家に比べ、歯に衣着せぬ物言いが際立っているからね。かえってそれが俺なんかには怖い気がするけれどね」

【土地転がし疑惑、住専疑惑から、愛人・隠し子スキャンダルまで】

〝憂国の士〟のダーティ事件簿！

藤堂正臣（ジャーナリスト）

CASE1　石垣島土地転がし疑惑

石原慎太郎都知事が所有する土地が、沖縄県・石垣島にある。海に臨む四〇〇〇平米弱のその土地は、本土復帰二年後の一九七四年に石原氏が約四十万円で購入したものだが、その後のリゾートブームに乗って、バブル期には実勢価格で二千万円程度にまで高騰したといわれている。

ところが、その土地に絡み、運輸相時代の石原氏が大臣の地位を利用して不当な利益誘導を計ったのではないかと報道されたことがある（『週刊朝日』や『噂の眞相』など)。

というのも、石原氏は石垣島の第二空港を白保地区の海上に建設しようという県のプランに、所管大臣の立場で公然と異を唱え、プラン変更の後押しをしたことがあるのだが、そのプラン変更が石原氏所有の土地の値段を急騰させる可能性があったからだ。

つまり、こういうことだ。かねてから空港建設が計画されていた白保地区の海は、美しいサンゴ礁で知られる場所で、空港建設に対しては、自然環境保護派の熱心な反対運動が続けられてきた。運輸相となった石原氏は、本来なら空港建設推進の立場であるはずだったのだが、湘南育ちのヨットマンとしても知られるだけに、ことのほか海洋自然には優しく、逆にサンゴ礁保護を主張したのである。

現職の運輸相の主張だけに、白保海上での空港建設計画にとっては大きなブレーキとなり、その後、八九年四月には県が白保地区での建設を断念、建設予定地もカラ岳東側の沿岸部を検討するという話になった。

ところが、前述した石原氏の所有地が、なんと新予定地の近隣エリアに位置していたのだ。空港予定地そのものではなかったから、県による土地買収の対象にはならなかったが、空港ができれば周辺にさまざまな施設や商店ができるのは自然の成り行きだ。石原氏の所有地の価格が数倍に跳ね上がる可能性も、当然出てくるわけだ。

こうした疑惑に対し、もちろん石原氏側は全面否定している。たしかに運輸相という立場でそんなミエミエの利益誘導を行なえば、たちまち犯罪となることはあまりにもわかりきった話だ。

ただ石原氏が、かなり以前から石垣島関係者と何らかの関係を持っていたことは事実である。そもそも、石原氏の人脈には、佐藤栄作政権で沖縄返還に関わった人たちがいるのだ。

こうした事実からも、石原氏に対する疑惑は、なかなか晴れないようだ。

しかも、新予定地となるカラ岳東側沿岸部の土地は、八九年の候補地移転発表前に、さまざまな違法取引で問題視されている〝札付き〟の不動産会社が不自然な〝転売〟で価格を急騰（二年間で十七倍！）させており、その背後に複数の有力国会議員が介在しているとの話が地元で広く噂されるようになっていた。実際、沖縄県知事も県議会で、「上のほうから、日本政府のほうから、カラ岳に移せということを提言された」と答弁している（『週刊朝日』九〇年九月二十八日号）。

もちろん、そうした国会議員が本当にいたのか、あるいはその一人が石原氏だったのか、については確たる証拠はまったくない。ただ、石垣島に何らかのコネのある政治家が暗躍した疑惑があることと、石原氏が石垣島にコネを持っていたことだけは確かなのである。

なお、この新石垣空港計画は、こうした不透明な土地転がしが影響したのか、革新系の大田昌秀知事の時代にいったんカラ岳東側案が白紙化され、宮良地区案へと変更された。が、九八年十一月に新知事となった保守系の稲嶺惠一知事が宮良地区案をさらに白紙化し、カラ岳地区案を再び浮上させている。

CASE2 鈴木宗男との現ナマ争奪戦

例の鈴木宗男騒動の際、「北海道では車よりもクマのほうが多いようなところに高速道路を作っている」と発言した石原伸晃《のぶてる》行革相が宗男元代議士に「冗談じゃないよ、アンタ!」とつるし上げられている映像が繰り返しテレビで放映されたが、実は石原家と宗男氏とはかなり以前から因縁がある。石原慎太郎氏がその昔、カネの取り合いをめぐって宗男氏とドロドロの法廷闘争を闘っていたからだ。

発端は、八三年一月に、自民党・中川派の領袖だった中川一郎元農水相が謎の自殺を遂げたことだった。中川氏は中川派の資金をほぼ一人で調達していたため、事実上、中川派のカネは中川後援会のカネであり、中川氏個人のカネでもあった。その中川氏の〝遺産〟をめぐり、派閥(=自由革新同友会)を引き継いだ石原慎太郎氏(同会代表代行)と、事実上、中川氏の政治資金を一手に管理していた中川事務所の筆頭秘書・鈴木宗男氏との間で〝取り合い〟が勃発したのである。

故・中川氏はその時点で、借金を別にすれば政治資金約一億二千三百万円を残していた。それは中川氏本人名義のほか、複数の政治団体を名義とする二十四通の預金通帳に分散されていたが、いずれも鈴木宗男氏が管理していた。ところが、自身の衆院選出馬を目論んでいた宗男氏が中川家（夫人および故人の跡を継いで出馬しようとしていた長男・昭一氏）と敵対していたため、石原氏ら中川派幹部と宗男氏サイドで話し合いが持たれ、宗男氏側はこれらの〝遺産〟をいったんすべて石原氏に渡した。

ところが、その後、八三年七月になると、宗男氏サイドは、石原氏がこのカネを正当に使っていないので、その分を中川氏の政治団体に引き渡すよう裁判所に訴え出たのである。

宗男氏側の主張によると、預金通帳と印鑑を受け渡した際、秘書の退職金支払いなどの中川事務所の後始末や、借金・未払い金の返済も、石原氏側がすべて処理するという話で合意したという。そして、実際に中川事務所の秘書の退職金要求リストや、料亭・タクシー会社などの未払い金請求書、政商・小針歴二氏への借金返済額など総額一億二千二百万円分のリストも同時に渡したとのことだった。

一方の石原氏側は、そのような約束はしていないと主張、しかも宗男氏側が「このカネは派のカネで、中川後援会のカネは入っていない」と言っていたと切り返した。

もっとも、石原氏は、中川事務所の秘書たちにかなり低額の退職金を提示し、料亭の支払いでも「中川氏個人の使用もある」として半分だけを支払っていた。前代未聞の告訴沙汰は、石原氏側のセコさに宗男氏側が〝切れた〟というのが事の真相のようだ。結局、ゴタゴタを嫌う石原氏側は、告訴された直後に、それまで支払った残りの約八千三百万円を、そっくり中川昭一氏に渡してしまい、自分はカネをめぐる泥沼からなんとか手を引くことができた。

CASE3　暴力秘書事件

秘書が暴力事件を引き起こしたこともある。その張本人こそ、何を隠そう石原都知事の側近中の側近にして、現東京副知事の浜渦武生氏だ。

『世界』二〇〇二年七月号に掲載された、ジャーナリスト・斎藤貴男氏のレポートによると、浜渦氏は二〇〇〇年九月に東京・中目黒駅の近くで二人の若者とケンカ騒ぎを起こしており、さらには翌十月、なんとその取材のために直撃した『FOCUS』の記者とカメラマンにも暴力を振るったというのである。

しかも、同記事によると、実は浜渦氏はまだ二十代だった七四年にも、石原氏の対立候補の選挙参謀を呼び出して暴行した過去があるという。マスコミを恫喝する浜渦副知事のコワモテぶりは有名だが、さすがマッチョな石原都知事の腹心である。「気に食わないやつはドンドンぶちのめしてやれ！」と石原氏自身がたきつけているとの噂もあるが、こうした人物を、ボスが非常に可愛がっていることだけは確かである。

CASE4　愛人・隠し子スキャンダル

九六年二月、『FRIDAY』（三月一日号）が、こんな衝撃的な記事を報じた。

「『理想の家族』のはずが…　石原慎太郎元運輸相〝息子認知・元愛人〟発覚で問われる『颯爽15年』」

国民的スターの弟、代議士の長男、中堅俳優の次男、といった看板に、「ガンコ親父が築いた理想の家族像」を演じてきた石原家だったが、そのウラで、ガンコ親父がもう一つの家庭を隠し持っていた事実が暴露されたのだ。

その女性は、元銀座ホステスだったM子さん。同記事によると、二人は八〇年ごろに知り合い、当時すでに五十歳近かった石原氏は、親娘ほども年の違う彼女を愛人にしたという。しかも、その後まもなく、M子さんには男児が生まれる。石原氏にとっては、五番目の息子である。これがやがて石原夫人にバレて大騒動となり、結局、母子は東京を離れた。石原氏がようやくその息子を認知したのは、九四年になってからのことだったという。

ところが、九九年四月に石原が都知事に当選した直後、再び『FRIDAY』（五月七・十四日合併号）が、その隠し子問題を報道した。前回の報道に比べて、とりたてて新ネタがあったわけではなかったが、自分の本当の姿を隠したまま、理想の家族像を前面に出して都知事のイスに収まるのはいかがなものか、ということだった。

まさに『FRIDAY』の言うとおりである。

だが、この記事の掲載についても、ウラがあるという疑惑がある。もともと同誌は都知事選の投票日前に掲載を予定していたのだが、それを知った石原氏サイドが圧力をかけ、ストップをかけたというのだ。

その真偽は不明だが、いずれにせよ、そんな疑惑をかけられたこと自体、この隠し子問題が石原氏のイメージ戦略に大きなダメージを与えることの証左ともいえる。なお、石原氏は九五年四月に、突然、理由も不明なまま衆議院議員を辞職して物議をかもしたが、その理由はこの隠し子問題だったという噂もあった。

CASE5 尖閣諸島「武装船」スキャンダル

九七年五月、〝浪人中〟の石原慎太郎氏は、西村真悟代議士とともに、尖閣諸島に乗り込んだ。西村代議士は日本漁船で上陸したが、石原氏自身はイギリス船籍の別の船上で待機した。外国籍船が許可を得ずに尖閣諸島に上陸すると、不開港入港で罪になるからだ。そのときの様子を、石原氏自身が次のように記述している（以下、『文藝春秋』九七年七月号）。

「私が、
『罰則規定はあるか』
とたずねたら、
『二年以下の懲役、もしくは二十万円以下の罰金です』
『この僕を縛る（拘束する）のかね』
（中略）
元運輸大臣の私とこんな押し問答をしなければならない地元の役人も気の毒だけれど（後略）」

いかにも石原氏のゴーマンぶりが目に浮かぶような描写だが、それはともかく、問題は、そのとき石原氏が乗船していた船に、なんと極秘裏に大量の武器が積み込まれていたことだろう。

この問題は、『週刊朝日』（九九年八月二十・二十七日合併号）でスクープされたが、同記事によると、件《くだん》の船は四九一トンのイギリス籍船「オーシャン9号」。所有者は、六〇年代初頭に石原氏が日生劇場の経営幹部だったときからの知人であるプロデューサーの西崎義展（本名・弘文）だったという。ちなみに、西崎は、かの大ヒットアニメ『宇宙戦艦ヤマト』をプロデュースした人物としても知られている。

その西崎が、石原氏が乗船したこの船に二丁の米国製自動小銃M―16、実弾一千八百発、擲弾三十発、グロッグ拳銃などを積み、日本領海に持ち込んだばかりか、通関手続きもせず、石垣港に停泊までしていたのだ。

同記事によると、尖閣諸島行きはそもそも西村議員による発案だったが、渡航手段のない西村議員が石原氏に相談し、石原氏が旧知の間柄にあった西崎の船を使う算段をつけたという（もっとも、前述の理由で西村議員は結局、日本漁船を使った）。

そのとき同船は、フィリピンのマニラ港に停泊中だったが、この話を聞いた西崎はフィリピン沿岸警備隊の司令官から武器を調達し、同船に積載した。その後、石原氏がマニラから乗船すると、ともに石垣島まで航海して、そこで西村議員一行と落ち合ったのである。

西崎はその武装理由を、「石原氏を護衛するため」と言っているが、そこで問題となるのは、石原氏自身が、その船が不法に武装されていたことを知っていたかどうかということだろう。

実は、この件が明らかになったのは、西崎がその後、銃刀法違反で逮捕・起訴されたからである。というのも、西崎はこの航海の後、いったんフィリピンに戻り、その後、再び日本に向かうが、九八年十一月に清水港で武器を密かに陸揚げしたうえ東京の自宅に保管し、翌九九年二月に逮捕されたのだ。リッパな武器密輸である。

西崎は、この裁判の最中にこの尖閣諸島行きの際の武器積載の事実を暴露したという経緯があったのだが、それを取材した『週刊朝日』記者への手紙で、西崎は「むろん、石原氏は航海時にM―16の搭載について知っていた」「航海中、グロッグ（西崎が携帯していた拳銃）で警備されていたことも知っている」と断言している。

一方の石原氏サイドは、同誌の取材に、顧問弁護士が「まったく知らなかったし、見ていない。聞かされてもいない」と全面否定しているが、疑惑は疑惑のまま、ウヤムヤにされてしまった。

だが、問題は西崎のような人物と〝親しい〟という、石原氏の人間関係そのものにあるのではないだろうか。その際、石原氏自身が裁判所に嘆願書を出したというのだ。西崎はすでに、九七年十二月にも覚醒剤事件で逮捕されている。その際、石原氏自身が裁判所に嘆願書を出したというのだ。

ワキが甘いとしか言いようがない。

CASE6　四男オウム疑惑

石原氏サイドが完全に嵌《は》められたトンデモ事件もある。たとえば、石原＝オウム疑惑である。

九五年四月、石原慎太郎代議士が明確な理由もなく唐突に議員辞職したため、その裏事情について、さまざまな噂が政界やマスコミ界を駆け巡った。そのなかに、「石原氏はオウム真理教との関係があったために議員辞職した」というものもあった。というのも、その直前の同年三月にあの地下鉄サリン事件が発生しており、そのころは日本中がオウムに注目していたからだ。

したがって、当時は、どんな出来事でもオウムと関連づけて語ることが流行していたわけだが、かといって石原オウム説にはまったく根拠がないわけではなかった。過去、麻原彰晃がインタビューなどに答えて、たしかに「石原慎太郎を尊敬している」などと語っていたからだ。

しかも、同年七月ごろから、石原家の四男で画家の石原延啓《のぶひろ》氏がどうやらオウム真理教信者らしい、という噂も広がり始めた。石原裕次郎の慶應病院での担当の一人が、オウム幹部の林郁夫で、その縁で入信。そのため、父親である慎太郎氏が、オウムが東京都で宗教法人の認可を受けられるよう口利きしたというストーリーだった。延啓氏自身がのちに『文藝春秋』（二〇〇〇年四月号）に寄せている手記によれば、彼自身がそのころ、『週刊現代』の記者にその件で取材を受けたこともあるという。記事にはならなかったが、その後、じわじわと同じ噂が広がっていったとの話だが、噂はあくまで噂であり、やがて消えていった。

ところが、この噂が再び息を吹き返す。九九年三月、石原慎太郎氏が都知事選への出馬を表明したため、石原攻撃の怪文書が大量にバラ撒かれたのだが、その中に、例の四男オウム説があったのだ。

「――石原慎太郎、議員辞職の真相について――オウム・クーデター、成功の暁には、石原内閣誕生?・」と題されたその文書の差出人は、「オウム徹底糾弾・オウムクーデター真相調査請求を求める会有志一同」とあった。

前出の『文藝春秋』での石原延啓手記にも引用されているが、その文面の一部は次のようなものであった。

「石原氏4男、延啓氏はオウムの準幹部（官房長官副秘書官）だったが、第7サティアンで〝救出〟され、保護、その後暫くの間、高尾病院に強制入院させられていたことも初めて明らかにされました」「クーデター成功の暁には石原慎太郎を首相に想定していたとの元オウム官房長氏の爆弾暴露証言までついています」「検察当局との『司法取引』により、公職即ち国会議員を辞職することで、この話は闇に葬り去られたのです」

なかなか手の込んだ怪文書だったが、なんとドジなことに、発信者はファクス送信にあたって、自らの発信元番号を消去し忘れていた。石原氏側がそれを調べたところ、なんと発信元は自民党都連本部だったのである。

あまりにも陰湿な選挙妨害だが、これには石原氏も激怒した。自民党都連に猛烈に抗議したため、都知事選投票日直前に自民党都連の秋葉信行事務局長が事実を認め、謝罪。のちに、都連の島村宜伸会長自身が詫び状を書く事態となったのである。

こうして「石原家四男オウム説」は悪質なデマだったということが明らかになったが、それで騒ぎは収まらなかった。

石原氏が野中広務官房長官にねじ込み、自民党機関誌『自由民主』（九九年六月二十二日号）に全面謝罪文を掲載させることになったのだが、直前に森喜朗幹事長がそれを強引にストップさせたのである。

こうしたことも重なったからか、九九年九月、石原延啓氏は、相手不詳のまま名誉毀損で告訴に踏み切った。秋葉事務局長は二〇〇〇年二月に起訴され、同年五月に有罪判決を受けている。

だが、石原氏の怒りは、それで逆に「都連職員一人に罪を押しつけた自民党幹部」に向けられたようだ。具体的には、当時の自民党都連選挙対策本部長だった粕谷茂氏、本部長代行だった越智通雄氏、自民党総務局長だった尾身幸次氏、自民党幹事長だった森喜朗氏らといった面々を、石原氏はしばしば罵倒するようになったのである。

CASE7　住専疑惑

国民の税金から多額の資金が投入された住専問題だが、その元凶である大口借り手企業と石原慎太郎氏との不透明な関係が、『週刊ポスト』九六年二月十六日号の記事

「〝発掘スクープ〟石原慎太郎元運輸相と大借金王との『カネの柵《しがらみ》』」（筆者はジャーナリストの伊藤博敏氏）で暴露された。

同記事によると、住専からの最大の借り手企業だった富士住建の安原治社長は、中川一郎代議士の死去後からの石原氏の後援者で、関西地区での石原後援会「石原慎太郎会関西本部」（八四年設立）創設の世話役だったという。同本部の事務所も富士住建所有の賃貸ビル内にあり、同本部は毎年かなりの金額を石原氏に献金してきたとのことだ。

問題企業からの支援をぬけぬけと受け続けてきたことは、それだけでも道義的責任を問われるべき問題だが、それだけではない。石原氏の議員時代に第一秘書や運輸大臣秘書官を務めていた側近の柳原常晴氏が、九二年七月から九三年十二月まで、なんと富士住建の子会社である不動産会社イースタンコーポレーションの社長に納まっていたというのだ。しかも、同記事によれば、住専の一つである住総が、自らの子会社に損失を押しつけるかのような不自然な操作によって、なぜかイースタン社を救済している形跡があるのだという。

結局、そうした不可解な疑惑のなかに石原慎太郎氏自身が関わったという話は出ていないが、石原氏の人脈・金脈のダーティさが垣間見える情報であったことは確かだろう。

【暴言、悪口、陰謀史観】

ビックリ回想録にみる「石原さん的性格」の研究

藤堂正臣（ジャーナリスト）

開けっぴろげな「回想録」

石原慎太郎は九五年四月に突然、衆議院議員を辞職したが、その後の彼は、〝作家〟に戻ったというより〝評論家〟になった感がある。スポーツ選手が現役を引退した後にキャスターや評論家を目指すように、私人に戻った石原も、とにかく「言いたいことを言って注目を浴びる」ことに夢中になったようだ。先の見えた代議士生活より、マスコミで大御所的に扱われるほうが、自己顕示欲を充分に満たせる。その意味では、たしかにそれなりの充実感が味わえたはずだ。

とくに、九六年一月から、石原シンパで知られる出版社・文藝春秋が発行する月刊誌『諸君！』で連載が始まった、書きたいことを書いていく長尺の回想録は大きな注目を集めた。「国家なる幻影〜わが政治への反回想」と題したその回想録は、なんと九八年八月号まで、二年七カ月に及ぶ長期連載となり、やがて同タイトルで単行本化、文庫化されている。

その内容のうち、石原の個人的な人脈に関する部分は、すでに別項（百四十五頁）で紹介したが、それ以外の部分にも、注目すべき話がたくさんある。石原慎太郎を知るうえで、この回想録はおそらくほかのどんな著作よりも格好の資料となることは間違いない。

たしかに、日本の政界の現実と、そこに生きる政治家という種族を知るために、この回想録はそれなりに役に立つだろう。これほど開けっぴろげな文章は、政治家の手によるものとしては珍しい。そんな意味で、『国家なる幻影』はかなり面白い読み物なのである。

ここでは同書から、注目される部分をいくつか紹介してみようと思う。石原がどんな発想でモノを言っているのか、あるいはその性格まで充分に伝わってくるからだ。

金の話をバラしまくり！

計算ずくの部分もあるのだろうが、たしかに石原は率直にモノを言う。「みんなが知っているけど言っちゃいけないタテマエになっている」ことを、微妙に遠まわしな書き方ながら、かなり大胆にバラしてしまっているのだ。

たとえば、自民党の金に関する話。石原は、さすがに近年の話は書かないが、かなり古い時代の話については、いくつかの具体的なエピソードを、さも痛快事のように書いている。

田中角栄が他派閥も含めてカネをバラ撒きまくっていたとか、自民党から野党にもカネがバラ撒かれていたとかの一般的なネタだけでなく、自身の体験としても、「初出馬のとき、官邸に佐藤栄作首相を訪ねたら、現金の入った紙袋をもらった」とか、「自民党総裁選で佐藤栄作陣営から一千万円もらった」「宗教政治研究会に名義貸しで副会長となったら、会長の玉置和郎から一千万円もらった」などということを書いている。

かと思えば、自分でも金を配ったことがあることも、さも自慢話のように書いている。まるで「こう見えて、オレも昔はヤンチャしてたんだぞ！」と言っているようだが、そもそも自慢できるような話なのか？

もっとも、石原自身も言い訳のようにこう記している。

「たとえば何かの折に、とにかく金を渡す、金をもらうということが政治の世界ではよくある。べらぼうな額ではないがしかし無視出来ないような金をみんなが手にするような際に、自分はその必要がないというだけでそれを拒んだりすると、実はそれが自分を奇妙に孤立させてしまうということが多々ある」

オレが悪いんじゃない。そういう政界が悪いんだ！とエクスキューズをつけているわけだが、まあ実際そのとおりなのだろう。石原は、なかなかの正直者だ。

同僚議員を暴力で脅す

このように正直者の石原は、ダーティでバイオレンスな自分を隠さない。

たとえば、参議院議員時代に、当時の議長を不信任する陰謀を自民党執行部に逆らって成功させたエピソードでは、自民党少数派である河野謙三のグループ「桜会」を中心に、三木派や社会党とも水面下で手を組む工作を自分が仕切ったと得意げに書いている。

そのとき石原は、裏切者を監視するために、仲間の拠点となっていたホテルの電話交換手を抱き込み、仲間たちの通話記録や通話内容を入手して脅迫している。

回想録にはこうある。

「ある時は手洗いに立った相手を追いかけていきトイレの中で襟首をつかんで締め上げ、裏切り行為を咎めて脅し上げたりした」

「裏切りに傾いているある議員なんぞはホテルの目のつかぬ片隅に拉致していって、胸の内ポケットにさしていた万年筆を抜いてキャップを外し、ペン先をナイフのように見立てて相手の顔すれすれに突き出し、ここで裏切らぬと誓わなければこのペンの先で目ん玉をくりぬいてやるなどといって脅しもしたものだ」

これも自慢するような話ではないと思うのだが、さすがコワモテで売る石原である。

自慢話が止まらない

この回想録は、いってみれば〝それなりに成功したオジイチャンの昔話〟であるから、よくあるように大半が自分の自慢話と他人の悪口で構成されている。

そのうち自慢話のほうを見ると、「自分の演説に集まった聴衆のために交通渋滞が起こった」とか、「アメリカの反日派とケンカしたら一目置かれた」とか、「米大統領選の泡沫候補だったレーガンが訪日したとき世話をして貸しを作ったが、そんなコネを自分は利用しなかった」とか、とにかく細かい話が実に多い。

前述した参議院議長不信任工作の際も、「自陣営の勢力を大きく見せかけるために、わざと飲みかけのグラスや汚れた灰皿をたくさん置いた部屋に記者を招いて会見した」といった姑息な小細工を、「芝居の舞台の手法だ」と自画自賛している。

なんだかトホホな性格だが、本人はマジで「だからオレはエライんだ！」と信じきっているフシがある。こんなことまで書いてしまっているのだ。

「私がもし参議院にあの成績で当選した後、いろいろ世話にもなった佐藤栄作氏の麾下に馳せ参じ、派閥の雑巾掛けに厭わずいそしんでいたなら、多分橋本龍太郎氏ぐらいにはなっていたかも知れない」

こんな人物が総理の座を夢見ないわけがない。

天敵・美濃部亮吉に対する陰湿な悪口

回想録のもう一つの柱である〝他人の悪口〟もなかなかすごい。自民党の歴代の指導者たち、たとえば佐藤栄作、田中角栄、福田赳夫、大平正芳、中曽根康弘、竹下登、安倍晋太郎といった面々については、一目置きつつも、基本的には見下した視線でバッサバッサと斬りまくる。

だが、彼らについては、いちおうそれなりの評価をしているからまだいい。三木武夫などは、「生理的にどうにも許容できぬ人物」とまで書かれている。

それでもなお、三木はまだまだいいほうだ。石原は、三人の人物だけはもう理屈ではなく、人間としての存在を全否定するほどボロクソに罵倒しているのだ。美濃部亮吉、細川護熙、宮沢喜一である。

美濃部は、周知のとおり一九七五年の都知事選で石原を落選させ、恥をかかせた張本人である。恨み骨髄だろうが、そのため、「とにかく言動が気持ち悪い」といった人権無視の個人攻撃を全面的に展開する。

そのためのネタとして、作家時代に講演旅行で同行したおり、旅館で見事な甘海老が出たときの美濃部の対応を、次のように描写している。

「『あの、僕は海老は弱いの』

と例の甘ったれた声でいって手を振り、

『僕にはステークを頂けないかしらん』

とのたまう。（中略）

（また、地酒の逸品が出されたときも）『僕は日本酒は駄目なの、ホイスキーを頂きたいな』」

とまあ、いかにも小説家らしく、意地悪く小バカにして書いているわけだ。

それだけではない。その晩、美濃部がこっそり女を呼んだらしい（ま、買春ですね）のだが、それが関係者には自分のことだとカン違いされたということにも、石原は本気で怒っている。他人を批判するにしても、あまりに低レベルの悪口としかいいようがない。

先を越された細川護熙への嫉妬

いくら嫌いでも、買春をバラすというのは（ホントかどうかは、もちろんわかりませんよ）男としては禁じ手だろうが、一方で、「バカそのもの」といった調子でコケにされているのが、のちに首相となった細川護熙である。

彼はもともと、石原が中心的なメンバーでもある「日本の新しい世代の会」が新たな参議院議員候補として擁立した新人だった。そのため、石原にしてみれば「もともとはオレが政治家にしてやったようなもの」という意識があるのだろう。そんな細川が、よりにもよって自分より先に総理大臣になってしまったのだから、腹の虫が収まらないのか……？

その嫉妬の怨念は細川の祖父・近衛文麿にまで向かい、「愚鈍でこの国の運命を傷つけた」とまで書いているが、細川本人に対しては、特に自分自身の頭では何も考えられない人間だということをしつこいくらいに強調している。

たとえば、演説の内容を書いてやったうえ、石原自身が話した演説内容を「話の折目折目に入れていた軽い冗談」から「ここではという力のいれ具合」「しめくくりの言葉まで」目の前で完全にパクられたと怒っている。また、新人議員となった細川に国会質問のヒントを与えたら、「それはありがとうございます。是非質問を作って下さい」と言われて絶句したのだそうだ。

石原はこう書く。

「相手が真顔でいったので私は開いた口が塞がらずにいた。その時私がそのまま不機嫌な顔で踵を返してしまった訳を、はたして細川議員は理解していたのだろうかは、疑わしい」

「その後の細川氏の政治家としての推移を眺めてみると、自分の能力の及ばぬある新しい認識や意見等に対して、前後のさしたる判断もなく簡単に飛び付いてしまう浮薄というか不気味ともいうか、それそのこと自体が彼自身にとって己の感性なり知性の証しのつもりでいるような軽率な挙動が散見される」

さらに、細川が首相になった際、国会外では議員バッジをつけないというパフォーマンスが話題になったが、石原によると、それは二十年以上も前に自分が教えたことだという。これは別にパクったというような話でもないのだが、それでも石原は許せないようだ。

石原は当時、細川内閣の官房長官・武村正義にこのように話している。

「あの男には痛覚がまったくない。つまり人間としての相手に対する謝意がないのだ」

なんだかそっくり石原本人に返したいような言葉である。

エリート・宮沢喜一への罵詈雑言

だが、こんな美濃部や細川などよりもっと強烈に罵倒されているのが、宮沢喜一である。

石原は、人伝《づ》てに自身の学歴（一橋大卒）を宮沢（もちろん東大法卒）からバカにされたと聞き、それが心底アタマにきたようだ。宮沢のことは、石原は本当に心の底から嫌っているらしく、ただただ次のように悪口を言うのみである。

「人としての資質が知れている」

「世の中に自分は利口だと自ら信じて憚らないということほど、愚かなことはない」

「滑稽なというより病的な外国語へのスノビズム」

「氏の英語や出身校への奇妙なほどのこだわりは当人の田舎者性を端的に表している」

「政界では有名だった、酒気を帯びたら紳士豹変する高圧的な権威主義」

「リクルート事件の折大蔵大臣だった彼が見せた二転三転のいい訳はしょせんグズとしかいいようがない」

「その程度の人物だから、時がまわってくれれば、他派の事務所に出かけていって面接を受けた後推輓を取りつける（筆者注：総理になるため、竹下派の実力者・小沢幹事長に頭を下げたこと）という屈辱も男として意にも介せずに出来たのだろう」

ここまで敵意を燃やす裏には、もっと何か事情があるのかもしれないが、いずれにせよ万が一、石原新党結成→総理就任などということになったなら、ここまでコケにされた宮沢はどうするのだろうか？

河野洋平へのイヤミ

とにかく石原の美濃部、細川、宮沢に対する罵詈雑言はすさまじいが、そこまではいかずとも、ことさら小物扱いされているのが、河野洋平、山崎拓、それに小沢一郎である。

河野洋平については、例の参議院議長不信任騒動のとき、叔父の河野謙三を応援していたが、「これが全くなんの役にも立たず、（中略）とにかくやってきては叔父さんの河野氏と部屋の隅で何やらひそひそ話しているまではいいが、その内二人して手を取り合ってめそめそ涙を流している」などと書かれている。

また、自民党の新綱領を河野が主導して作ったとき、「綴られている文章がなんとも他愛ない、ある先輩議員の言葉をそのまま借りれば『白痴的』なものだった」ので不採用となったという。石原に言わせれば、河野が新自由クラブを作って党を飛び出したのは、それが恥ずかしかったからにちがいないとのことだ。

細川批判で、石原の罵倒が祖父・近衛文麿にまで向いたのと同じく、石原の怒りは、なぜか河野洋平の父・河野一郎にまで向けられている。

「(もろもろ眺めて)私には虫酸の走るような政治家だった」

ある意味、これ以上はないという悪口である。

山崎拓に選挙を教えた!?

一方、山崎拓の場合は、とくに嫌うといったことではないが、初出馬の際に応援したことがあったので、細川と同じく「オレのおかげで政治家になれた」という意識があるようだ。

回想録にはこう書かれている。

「今さら恩着せがましくいうつもりではない」が、「山崎拓氏は私が衆議院に転じた昭和四十七年の選挙に初出馬し、旧人の顔を立てた党から公認はもらえず孤独の戦いを強いられていた」ので、「私も(中略)非公認でいたが、(中略)中曽根氏から(中略)応援にいってもらいたいとの要請があった」ので応援してやったのだという。

そこで石原は、「山崎に聴衆と握手することを教えたのはオレだ。そのおかげで山崎は議員になれた」というような意味のことを書き綴っている。

「わざわざ応援にきたが、肝心の握手もせずにそんな程度の演説で共産党にどうして勝てるんだ」

「もう演説抜きででも今日と明日合わせて五千人と握手したら君は必ず共産党には勝てるぞ」

そのとき石原はこう山崎にアドバイスしたとのことだが、ただそれだけのことを〝恩着せがましく〟言いふらす石原に、山崎もさぞや辟易していることだろう。

小沢一郎は「金正日と同じ」!?

ところで、石原は、保守系人脈のなかでの小沢一郎人気がどうも癪にさわるらしい。石原はこう書く。

「矮小な政治をこの日本に作り出した元凶の一人ともいえる小沢一郎なる人物が、はたして巷間いわれているほど日本に稀有なる存在とはとても思えない。私自身彼と話していて彼から頭にとまる何らかの印象を受けたことなど全くない」

「彼の存在感なるものはしょせん派閥と縁戚者たちの引きがあってのものでしかなく、金丸信、竹下登という重鎮との縁戚の関わりなしにあり得たものではない」

「金正日が、父親だった独裁者金日成なしには有り得ないと同じこと」

「ろくな勉強もせず、派閥の培った権力の温床の中でぬくぬく育った二世議員」

これもあんまりな言い方だが、それより気になるのは次の一説だ。

「プライバシーに関わることだから詳しくは記さぬが、田中角栄氏と彼との個人的な関わりの態様一つ眺めても、反吐《へど》の出そうな話でしかない」

気になるではないか。詳しく記してほしい。それはともかく、タカ派ということでは共通項も多いと思われている二人だけに、石原には小沢に対する警戒心が強いようだ。

ロッキード事件は陰謀だった!?

石原は実は、〝陰謀マニア〟である。この回想録でも、陰謀話が随所に登場する。代表的なのが、「ロッキード事件はアメリカによる田中角栄潰しの罠だった」という説である。石原は以下のように〝断言〟している。

「多くの人々は彼の死が実はアメリカの陰謀によって仕組まれたものだったということを知りはしまい」

「田中角栄首相が突然ウラニウムの買いつけに関しての日本独自のルートを開発すると明言して外遊し、それがアメリカの逆鱗に触れアメリカの陰謀で例のロッキード事件が仕組まれ、世界中であった同種のスキャンダルが日本でだけ大問題となり、金権問題で総理の座を降り次期を狙っていた田中氏はその政治生命にとどめを刺された」

「アメリカの陰謀による田中氏の失脚をただ痛快に思っているある部分の日本人たちは、原子力問題ということごとに環境汚染を唱えて反対しているグリーン・ピースなる団体が、実はアメリカのオイル・メジャーの金で動いているという日本以外の国のあちこちで耳にする噂をどこまで心得ているのだろうか」

回想録によれば、石原は私淑した元A級戦犯政治家・賀屋興宣《かやおきのり》のルートでアメリカのCIAやDIAあるいは共和党に特別なコネを持っているとのことだから（それ自体が陰謀論だけど）、それによってスペシャルな情報が入手できるのだという。

それだけではない。スペシャルな情報ということでは、他にもまだある。さまざまな憶測を呼んだ中川一郎の自殺の真相も、慎太郎サマにはお見通しなのだ。

「中川一郎が謎の自殺をとげた後、おそらく当時の中曽根首相と後藤田官房長官は報されていたろうが、私は私で別途そんなつてから真因を確かめることも出来た」

もっとも肝心のその真因とやらの中身については、まったく触れていない。書かなきゃ意味がないのだが……。

自分だけが知っている大韓航空機撃墜事件の真相

「亡き賀屋興宣氏の残してくれたアメリカとの情報関係のルートを通じて解明」した

と石原本人が断言するもう一つの陰謀話が、八三年九月のサハリン沖での大韓航空機撃墜事件である。

石原によれば、その真相は、「大韓航空機が、ソ連軍の警備体制を探るためにアメリカの要請でわざとスパイ飛行を行なっていた」のだという。その証拠というのが、撃墜機のパイロットが最後に発した言葉、すなわち「デルタ、０１０」という謎の言葉なのである。

石原は書く。

「私は自分自身の調査で、日本側にとっては解読不能な『デルタ、０１０』という言葉が、大韓航空とアメリカのある機関との間にもうけられた暗号であるということだけはつき止めた」

大丈夫か、石原？　なんだか『サピオ』に書いている某〝国際ジャーナリスト〟みたいだ。

湾岸戦争もアメリカの陰謀だ！

石原の陰謀マニアぶりは、そんなレベルには留まらない。なかでも、彼がハマっているのが、〝なんでもアメリカ陰謀論〟である。

たとえば、湾岸戦争の真相とは、アメリカがエネルギー供給を通じた世界支配を目論み、サウジアラビアに米軍を常駐させるためサダム・フセインを誘導して仕組んだものだという。

また、アメリカの陰謀というより、白人の人種差別陰謀というのも、石原のテーマのようだ。ベストセラーとなった『「NO」と言える日本』も、いわば「白人よ、ナメンなよ!」と言っている本である。

それにしても、「湾岸戦争勝利で人気の上がった黒人の統合参謀本部議長パウエル(筆者注:現・国務長官)が、いかにかつがれても暗殺を怖れ、絶対に共和党の大統領候補にならない」などというのは、いったいどこから仕入れた情報なのだろう? アメリカの「2ちゃんねる」かな?

タダの作家ならばどういう問題もない陰謀マニアぶりだが、これが日本の首都のトップで、しかも国のトップも狙っているというのだから困ったものだ。

また、思い込みで根拠のない話をするのも、石原の悪い癖だ。

回想録の中には「沖縄で見た核」とのショッキングなタイトルの一章があって、嘉手納基地を訪問した際、核弾頭を見学したとの記述がある。石原はその〝見た物体〟を、ただ「薄青味がかった巨きな金属の箱」だったとだけ伝えているが、いくらなんでも日本の政治家に米軍が沖縄配備の核兵器を見せるわけがない。沖縄に核兵器があってもおかしくはないが、それとこれとは話が別だ。おそらく、なんとなく思わせぶりな説明でからかわれたのを、本人が真に受けてしまったのではないか。

外国要人の命を救った⁉

思い込みといえば、これも荒唐無稽なのが、「アキノの命をいったん救ったのはオレだ！」という自慢話だろう。アキノというのは、のちに暗殺されるフィリピンの野党指導者ベニグノ・アキノのことだ。たしかに、アキノと石原が家族ぐるみの交友関係にあったのは事実だろう。アキノがフィリピンの独裁者マルコス大統領に捕らえられたとき、その助命にいろいろ動いたということも嘘ではあるまい。だが、石原の力でアキノの謀殺を逃れたなどというのは、どうにも常識外れの見解である。石原はこう書いている。

「アキノ逮捕の報を聞いてすぐに私は商事会社『丸紅』に飛んでいき、当時会長の、大学の先輩でもあって日頃親しくしていた檜山広氏に面会し氏から、逮捕はしても決してアキノを殺すなと説得忠告してくれと頼みこんだ」

マルコス政権と利権でしっかりとつながっている丸紅の影響力で、アキノの処刑が中止されたというのだが、独裁者が最大の政敵の命をどうするかというときに、いくらワイロをもらっていたからといって、異国の一商社の意向に左右されるなどということはまずない。しかも、商社にとっても命運がかかった話というわけでもなんでもなく、ちょっとした顔見知りからのお願いだというのだから、まったく話にならない。〝オレはスゴい〟パフォーマンスも、ここまでいくと興ざめだが、石原の場合、どうやら本人がそう信じきっているフシがあるから始末に負えないのだ。

トンデモ番外編「ネッシー探険隊」

石原慎太郎関連の記事を集めていたら、もう一つ恥ずかしい過去を見つけた。『FLASH』（九九年十一月二十三日号）の発掘スクープである。

そのタイトルは「発見！　若き石原知事はネッシー探検隊長だった」。

同記事によると、石原都知事がまだ若手の衆議院議員だった七六年、彼は「ネス湖怪獣国際探険隊」というトンデモ集団の総隊長を務めたのだという。基本的には漁船をチャーターしてダイバーを潜らせるというこのバカバカしい作戦。使った経費は一億五千万円にも及んだそうだ。

若者のお祭り騒ぎ、と笑って済ませてもいいが、当時、石原はすでに四十四歳。しかも前述のように衆議院議員である。やっぱりヘンでしょう、この人は……。

第四章

石原待望論なる幻影

【本当に「保守」の人なのか？】

〝ナショナリスト〟石原慎太郎の値打ち。

談▼松本健一（評論家・麗澤大学国際経済学部教授）

――今日は、日本の保守思想、ナショナリズム思想に造詣の深い松本さんから、首相待望論まで飛び出している石原慎太郎都知事についてお話を伺ってみたいと思います。

松本さんは、石原氏と対談もされていますし（『日本人よ、気概をとり戻せ!!』徳間文庫収録）、「保守・反米・ナショナリスト」の政治家と見られている石原慎太郎について、どうご覧になっているのか、大変興味があります。その発言を洗っていくと、石原氏は決してゴリゴリの右翼でもない。さらには、政治家なのか、作家なのか、タレントなのかも実はよくわかりません。

松本　現われとしては、政治家であると同時に、文学者、タレント、スポーツマンであったりと、いくつかの面を持っていますけれども、基本的には時代精神の表現者だと思います。

まず『太陽の季節』（初出・一九五五年）で、五〇年代から六〇年ごろのアンシャン・レジーム（旧体制）の道徳をひっくり返し、価値紊乱《びんらん》していく青年の一人としていわゆる「怒れる若者たち」の世界を描いて登場してきたと思うんですね。

それに続く『青年の樹』（初出・五九年）や『青春とはなんだ』（初出・六三年）は、日本が「豊かな社会」になってゆく時期の時代精神とその矛盾とを引き受けるかたちでベストセラーになった。戦後日本の復興と高度成長の精神を表現し続けたんです。

その後で、さらに大きな時代表現として出てきたのが、経済大国となった日本の自己主張ともいえる『「NO」と言える日本』（八九年）でしょう。ちょうどそのころは、世界第二位の経済大国になった日本がそれなりの自意識を抱き、どのようにしてアメリカから自立していくのか、ということを世界が見ていた。日本人自身も何とかしてその「日本の自立」を表現したいと思っていた。『「NO」と言える日本』は、戦後ずっとアメリカの従属国だった日本の自己主張する姿を表現したんですね。反米に近い表現もありますが、本人はそのことに無意識でした。

時代の表現者は、ある一時代を表現し終わったら、普通は去っていくものなんです。たとえば三島由起夫さんの場合には、日本民族が戦前から抱いてきた「自立したい」というナショナリズム、その民族の自意識を「天皇」というかたちで表現した。三島さんは、戦後日本がアメリカに従属してきたことに対してノンと言い、民族の自意識を「天皇」の名のもとに表現すべきであると訴えて、七〇年に自裁した。三島さんは、まさに一時代を、アメリカに従属する日本の否定として「天皇」の名で表現し、死んでいったわけです。

だから、時代精神の表現者というのは、一時代は画しますけど、ずっと出ずっぱりということはない。石原さんだってずっと出ずっぱりだったわけではなく、何度か出たり引っ込んだりしている。しかし、その出てくる回数が一回で終わりではなく、何回も出てきている。そのことに、ある種の天才を感じますね。

石原慎太郎に政治的定見はない

――つまり石原慎太郎氏は、俗にいう「時代と寝る」タイプの「表現者」なのでしょうか?

松本　石原さんが時代精神を体現しているからといって、彼が時代の主流になっているというわけではないんです。むしろ、それに対するアンチテーゼというかたちで、時に反時代性を帯びている。時代の主流ではなく、むしろ挑戦者であるのですね。

そういう意味では、石原さんを右翼というふうに定義するのは、ちょっとおかしい。日本人のなかで右翼と左翼がどういう割合になっているかというと、戦後の日本はやや左翼に近かったわけです。マルクス主義とアメリカの近代主義が『幸福な結婚』をするというかたちで、六〜七割の人が左翼的であり、右翼的な人は二〜二割だった。中間の、自覚的な保守正統は一割に満たなかったでしょう。

では、石原さんは右翼的な二〜三割の人々を背負って、その人々の思想と感情とを表現しているのかというと、そうではなかった。彼が背負っているのは右翼や左翼ということではなくて、それらを含めた戦後日本人の多くなんです。

日本人全体を一人の人間とするならば、（その感情のうち）六〜七割が左翼的で、アメリカへの従属もしかたないとする平和主義的な心情です。そして二〜三割がそれに対して、日本の自立を望み反米感情さえ抱えている。戦後日本はアメリカと強く協調するかたちを取りつつ、その裏側には勝者のアメリカに対するコンプレックスをみんな持っているんです。

石原さんはそういう戦後日本人の全体像を体現しますから、時にはアメリカ的な価値観を表面に出してくる。アメリカ民主主義を肯定し、ジャズに狂ったり、あるいはヨットやボクシングをやったりする。まさにアメリカを追いかけた戦後の「豊かな社会」を表現してきたわけです。古い伝統的な日本の価値意識を持っている人々からは

「日本人はアメリカナイズされてしまった」と顰蹙を買うような表わし方です。六〇年代から七〇年代ぐらいまでは、反米を表現することはあまりなかった。むしろ年寄り連中から顰蹙を買いながら、しかし圧倒的にその時代の若い人たちから支持を受けていた。

ところが、そこで終わらないのが石原慎太郎という表現者です。勝者のアメリカに同化し、豊かになっていった六〜七割の日本人の感情を代弁するとともに、その表現の裏側でアメリカに対するコンプレックス——日本人全体が抱いている「日本はアメリカに負けたが、いつか見返してやる」という負の感情——を時に強く表現する。石原慎太郎は「無意識過剰」であると言ったのは同級生の江藤淳さんですが、石原さんの反米は日本人の無意識を過剰に表現しているんですね。その意味ではナショナリストなんですが、日本のナショナリズムを受け継ぐ西郷隆盛や北一輝や二・二六事件などには、石原さんはほとんど興味を示していない。三島さんについてだって、その死に顔の美しさは言っていますが、その思想や天皇観にはまったく関心を抱いていません。

——石原慎太郎氏が、日本人の意識と無意識とを含めた全体を表現しているのであれば、それは良くも悪くも「中庸」だと思うのですが、ではなぜ彼は「右寄り」と言われているのでしょうか？

松本　それは、日本人全体が現在「右寄り」になっているからでしょう。ただし、それは右傾化というよりも、日本人が押し込めてきた負の感情の表出と見合った現象なんだと思います。石原さんは歴史教科書問題や不審船事件などの「機会」を捉えて、その負の感情を引き出し、日本人の現在的ナショナリティを表現していたにすぎない。石原さんが自らの無意識に基づく表現をしたら、それが国民全体のなかにあるナショナルな感情というものを引き受けてしまったにすぎないのです。

冷戦時代には、米ソの対立、自由主義と共産主義のイデオロギー対立構図があって、日本人の精神もそのどちらに付くか、だった。しかし、冷戦構造が崩れた後というのは、世界秩序の取り仕切り手であった二大国による対立構図がなくなってしまった。そこで初めて「日本はどのように行動したらいいのか」「日本人はどのようにして生きていけばいいのか」ということを考えざるをえなくなってしまったわけです。

戦後、三十年も四十年も自分たちの思想的根拠としてナショナリズムを金看板にしてきた右翼の人々は、実際には反共を拠り所にまとまり、政治的には日本人の一〜二割の支持しか集められないできた。しかし、石原さんが〝「NO」と言える日本〟と表現した瞬間に、護憲や平和主義を信じてきた人々のなかにも無意識に存在した「自立する日本」という感情を引き取ってしまったんです。

フランスにルペンという政治家がいますが、彼は移民排斥やフランスの伝統的価値を守ることを主張しています。世界中が「ルペンは極右だ」と言っている。それに対してルペン自身は、「俺が極右なら、日本の石原慎太郎なんかもっと極右じゃないか」という言い方をしているんですね。しかし、石原さんは極右でも何でもない、そんな政治的定見はない、というのが、私の考え方です。

なぜ民族派右翼に煙たがられるか?

――民族派など、ゴリゴリの右翼のなかには「個人的には嫌いじゃないけど、石原は危ないよ」と言う人がいます。

松本 それはそうでしょう。石原さんのナショナリスティックな物言いには、右翼も非常に好意的なわけです。たとえば石原さんは中国に対して、「中国なんて六つにも七つにも分かれればいいんだ。共産党の一党独裁なんて潰れてしまえ」というようなことを言ったり、台湾を応援したりする。右翼もそこでは自分たちのナショナリズムの感情と非常に近いものを感じているわけです。

ところが右翼のなかでも日本とは天皇だ、と考え、三島由紀夫にシンパシィを覚える民族派は、違った考えを持っています。反共と言っていれば自分たちの正当性があった時代は冷戦とともに終わったということを踏まえて、右翼とは何であるかを改めて探り、「日本とは何か」「日本人とは何か」「伝統的文化であるところの天皇制とは何か」ということを考える人々にとっては、石原さんは〝要注意〟の存在なんですよ。

たとえば石原さんは「昭和天皇は昭和二十年のときに退位されるべきであった」と言う。つまり戦前の天皇というものは政治的な権力だったのだから、敗戦による政治責任を取って、退位されるべきであったと。こういう考え方は、戦前の天皇というものを単に権力の主体と捉える、西洋的な発想なんです。伝統的な右翼の心情としては、天皇に対して退位すべきであるとか、退位すべきでないとか、そういうことを言ってはいけないんです。

日本とは何かといったら、それは「美しい天皇」である。そういう明治の国体論風の考え方の人が右翼の中核には多い。三島由紀夫に対してほとんどの右翼が共鳴してきたわけだけれども、石原さんに対しては、そこに根源的な違和感を覚えているんだと思います。

――そのような美的な天皇＝原理主義は、以前から右翼の主流だったのでしょうか？

松本　いや、冷戦終焉前の右翼について言えば、そこのところはまともに考えてないですよ。つまり冷戦時代は共産主義という敵がいるわけですから、反共さえ掲げていれば、右翼はみんなまとまることができた。天皇や反米というのは、反共に比べれば現実的には大きなテーマ、自らのアイデンティティではなかったんです。

同じことは保守派についても言える。九・一一のテロがあった後で、反米・親米ということを軸にして保守派が大分裂してるでしょう。冷戦構造が解体した瞬間に始まっていた「日本の自立」の問題が、対テロ戦争をきっかけに、まさにアメリカとの同盟を当然と考えていた保守派のなかでも問われるようになったわけです。

政党不信と小泉、石原人気

——そのへんが天皇＝原理主義をなかなか標榜できない保守派の性《さが》なのでしょうか。右翼の場合には、冷戦終焉とともに失った反共という共通の価値観を、その後は天皇に回帰していくことで一体感を得たわけですよね。

松本　正確に言うと、戦後日本には保守主義という思想がなかったに等しいんです。では、なぜ保守派が曲がりなりにも存在していて、その保守が権力をずっと握っていたのか。

自由民主党は戦前の二大政党である政友会・民政党がくっついた保守政党です。冷戦時代には自由民主主義というものを守り、共産主義に対抗していれば、国会の六〜七割を占めていくことができた。いちばん多いときには八割ぐらいを占めることもできた。権力を握って、日本を統治していけば、本当は何を保守すればいいのかということを、問いつめて考えなくてもよかったんですね。保守派は権力維持のために何をしたか。それは「極左と極右を切る」ことをすればよかったんです。

日本全体がやや左のほうに寄っているとき、たとえばベトナム戦争反対運動が盛り上がっているようなときには、日本の保守派も平和主義的にベトナム戦争批判に向きを変える。ところが、そのとき極左を切るわけです。連合赤軍のような極左は絶対に切る。また、日本がどちらかというと右のほうに寄る時代もあった。たとえば六〇年安保のころに自衛隊を使って「三矢作戦」（「昭和三十八年度統合防衛図上研究」）というクーデターみたいなことを考える動きもあった。三島さんのように自衛隊に決起を促す動きもあった。そういう場合には、極右を切るんです。

保守派というのは、日本の社会が揺れ動いているときに自分たちもそれに合わせて動くわけだけれども、そのときに一番右（極右）を切り、一番左（極左）を切って、何とか中道を保ってきたわけです。そのようにして体制を維持し国民の利益を保守するのが、保守政党の役割だった。

ところが冷戦構造解体以後、極左の思想的前提である共産主義そのものが消滅したわけですから、切るものがなくなってしまったんですね。左翼自体が表面的にはなくなってしまった。また、それを敵にするかたちでナショナリズムを主張していた右翼の存在価値というものも、意味を喪失してしまった。

そうすると、いままでと同じように自由民主党という名義は掲げているけれども、

「保守とは何か」「自分たちが権力を握り続けている根拠は何なのか」という問題が、保守党の内部にせり出してくる。

自由民主党が曖昧なのは、保守政党の理念というものが、冷戦終焉以後、改めて問題になっているにもかかわらず、自分たちがアメリカと共有している「自由と民主主義」というイデオロギーがなお通じるのか、という問いを発する人がいないことです。だから、利権構造だけを守る政党になってしまって、鈴木宗男さんのような利益誘導型の政治家が暗躍する。保守政党自身が何をやっていいのかわからないわけですから、権力を実質的に運用する官僚制がものすごく力を持ってしまう。そこに鈴木宗男さんが吸いつく。法律を作るのもみんな官僚ということになるし、利権構造自体を官僚システムが持ってしまったわけです。

左翼の社会党がなくなって、自由民主党は自分たちの存在価値を見失ってしまった。だから、権力を維持することだけに腐心する。それがここ十年ほどの自由民主党の漂流状況、つまり誰ともくっつく無原則であり、政治理念を持つべき政党としての退廃だと思うんです。では民主党はどうかというと、自民党から分かれてきた連中と、社会党から流れてきた連中の寄せ集め政党だという以上は、民主党だって退廃という点では似たようなもんじゃないかということになります。国民は、自民党にも民主党にも理念的に共鳴していません。公明党は、国民を守る理念政党としての役割を果たしていない。社民党はないも同然の存在であり、共産党も過去の革命党の遺影を負ってるだけの政党。そうすると、当然、国民のなかに政党不信が出てくる。

今の国民の無党派支持、政党不信は、冷戦終焉後の日本特有の現象です。冷戦構造が解体してからは、「自分の国は自分で守る」。そのためにはナショナル・アイデンティティを再構築する必要がある新しい世界史のステージが始まっているにもかかわらず、その世界史のなかで日本がどう生きのびていくかという理念をどこの政党も持っていない。われわれ日本人に方向指示を与えている政党はない、と思っているわけです。

では、政党不信の先に何があるのかというと、これは大衆に迎合する有名人がまずウケる。つまりテレビ型のポピュリズムです。冷戦構造が解体してから、非常に人気がある政治家というのは、テレビ映りがよく、言葉が短い、無党派的なポピュリストだけなんですよ。細川護熙さん、田中眞紀子さん、小泉純一郎さん、そして石原さん。みんなポピュリストです。だからといって、私は石原さんをファシストというふうには呼べないと思う。ただ、ポピュリストであることは間違いない。

石原さんの場合には、ポピュリストの要素はあるけれども、それは「無意識過剰」で、日本国民の現在的ナショナリティをあらかじめつかまえてしまっている。そこのところが田中眞紀子さんのような単なる大衆迎合との違いですね。

現代のメディアは戦前の軍部と同じ

――国民が政党政治に不信感を抱き、脱政党的な動きが活発になったということだけで見れば、日本がアジア太平洋戦争に突入していった三〇年代の政治状況と似ているところもあるような気がしますが。

松本　政党がスキャンダル合戦を行ない、政治それ自体を信用できない、という点は、非常によく似ています。それにいまは、政党の理念がはっきりしない。政治が漂流している。そこで、国民が政治を信用していないわけですから、政治的な価値を超えるものを求めるようになります。そういう意味では、近衛文麿が現われポピュリズム政治が行なわれた三〇年代の時期と、現代のポピュリズム政治というのは非常によく似通っている。三〇年代の日本と現代日本にはいくつかの違いがありますが、構造的にはよく似ているんです。

どこが違うのかというと、三〇年代には権力としての軍部がありましたが、現代に軍部はありません。軍部の代わりに、今では、いってみればメディアが存在する。とくにテレビ的なメディア権力というものが、その代わりになっている。

かつては軍部が、次の首相は誰がいいかということに口を出していました。あるいは現役軍人自体が首相にもなっていた。今はテレビ政治になっていて、テレビに出てくるタレントのなかから政治家が生まれてくる。長野県知事の田中康夫さんはもちろん、小泉さんなんかも、まさにテレビ的なタレントの要素を持っていますね。田中眞紀子さんもそうです。権力の主体が、かつては軍部だったものが、今ではテレビ的なメディア権力というものにとって代わられている。

もう一つ表面的な違いを挙げるとすれば、それは天皇制なんですね。軍部はただ単に軍部であることだけでは「力」にしかならない。天皇の統帥権を軍部が独断専行的に代弁することによって、その力の正当性を手にすることができる。「神聖なる天皇」の名によって政党政治、責任内閣制を超えることができたわけです。内閣は統帥権には触れてはならない。満州で独走しようが、シナ事変を起こそうが、それは天皇の統帥権に依拠している。どこに軍隊を派遣するとか、軍部の予算をどれぐらいにするかは、すべて天皇が持つ統帥権によって決定されるのであって、内閣に口を出させない。それで軍部が権力を持っていったわけです。

現代では、天皇の力を借りてメディアが暴走するということはないですよ。むしろ、これは三島さんが「週刊誌的な天皇」といって一番嫌っていたことですけど、現在の天皇制というのは権力ではなくなっています。非常に文化的な権威の根拠になっている。戦後日本の天皇制というのは、権力から切れた、伝統的な象徴天皇制であって、それは本来の天皇制のあり方ではないというふうに三島さんは言ったわけですよ。私はそのほうが天皇制の伝統的なかたちだと思いますが……。

——保守思想家の多くは、天皇についてあまり触れようとしません。日本という国のあり方や、ナショナリズムを語る際には、どうしても天皇制の問題は外せないと思うのですが。

松本　保守思想家の一番象徴的な存在であった江藤淳さんも、私がかつて「今なぜ天皇制のことを言わないんですか」と質問したら、「私は今の天皇制については一言も言いません。昭和が終わったときに天皇制は終わったと思ってます」という言い方をしていました。

三島さんのように、天皇を単なる文化的な制度だとみなさない人にとっては、天皇は「価値それ自体（Wert an sich）」であり、日本とは最終的には天皇のことである、となります。しかし、今の天皇制は、政治にも軍事にも財政にも関わらない。つまり社会の実権に関わっていない。天皇制は唯一文化に関わるというシステムになっている。そういう意味では、象徴天皇制は明治以前の非常に伝統的な皇室の形態に近いんですね。日本文化の守り手という皇室の姿に帰っている。ロイヤル外交などという逸脱もありますが……。

——昭和天皇の崩御により、明治以来一時的に天皇が被っていた政治的な仮面が取れ、天皇がある意味、純粋に文化的な存在に戻ってしまったので、政治的な保守思想家のフィールドから外れてしまったと。

松本　ただ、今上天皇になってからは「民主主義を守る」「戦後憲法を遵守する」という危ういことを言うわけですね。これは、日本の民主主義体制の権力中枢に天皇がいる、と外国にはとられる、つまり政治的な発言になりますから、そういうことをおっしゃってはいけない。私はそう批判したことがあります。

石原さんも、天皇は文化的な価値だけで、政治に口を出すべきではない、と考えているでしょう。天皇が憲法のことに口を出したり、民主主義を守るなんてことを言ってはいけない。石原さんは非常にドライに天皇制のことを考えている。政治や防衛のことは俺たち政治家に任しておけばいいんだという考え方でしょう。

親アジアでもない不可解さ

――『「NO」と言える日本』によって石原慎太郎が獲得してしまったイメージに「反米主義者」というものがあります。石原慎太郎に貼られている「極右」というレッテルが幻だということはよく理解できたのですが、「反米」についてはどうなんでしょう？

松本　たしかに石原さんは「これからはアジアとやっていけばいいんだ」というメッセージを出していますね。これは反米感情というふうにとれると思うんだけれども、しかし、彼は反米主義者というわけではないんです。パワーで押してくるアメリカ（や中国）に対しては、力で押し返すべきである。あるいは西洋的なパワー・ポリティクスに対しては、パワー・ポリティクスでやり返すべきだ、と。石原さんが持っているのは、そういう非常に西洋的な意味での「ステイツマン」（ポリティシャン＝政治屋に対して国益に奉仕する政治家といった意味合い）の要素なんです。

日本では、ステイツマン的な要素を持っている政治家が非常に少ない。左翼も右翼も、政治的な感覚はやっぱり日本的なんですよ。「奴は敵だ。敵を殺せ」。日本人の政治感覚というのはこれなんですね。ところが西洋的なパワー・ポリティクスの社会では、「奴は敵だ。だから警戒しつつ、手を握れ。そうすれば平和が訪れる」という考え方なんです。

石原さんの政治的なバランス感覚では、「アメリカも敵である。中国も敵である。だから力で押し返し、言葉で喧嘩しつつ手を結ぶ」となる。そういう感覚の持ち主ですから、日米同盟の破棄なんてことを特別には主張しない。破棄することも考える、と言葉で言う。非常に西洋的な意味でのパワー・ポリティクスを考える、ステイツマンの要素を日本では持っているほうの政治家ですね。

――「反米」というレッテルの裏返しになるのが「アジア主義」だと思うんですが、

中国や北朝鮮に対する石原慎太郎の発言を見ていると、アジア主義でもありませんね。

松本　アジア主義と言うからには、アジアに対する親近感がまずなければいけません。自分たちもアジア人である。日本の文化はアジアから渡ってきたのであり、われわれの精神的なルーツはインドや中国にある。仏教や儒教、道教、それから日本の森の自然に依拠する神道がわれわれの精神文化である。そういう感覚が必要です。

同時に、そういうアジアがなぜ世界史のなかで植民地化され、これだけ欧米から遅れてしまったのか。そういったアジアに対する認識と同情があるはずです。日本も植民地化される危機があったんだと認識されることにおいて、アジアを復興しなければならない、と考えるのがアジア主義だったんです。

ところが、そのようなアジア主義は、石原さんにはまったくありませんね。むしろ、アメリカを仮想敵と考えた場合に、それに対する政治的なカードとして「われわれはアジアである」と言う。西洋近代が世界史を、なかんずくアジアを支配してきたことに対する「NO」を突きつけるために、「アジア」というカードを出しているにすぎない。ですから、西洋崇拝、脱亜入欧、アジア主義、どれでもないんですね。ある意味では、その思想の根拠が非常にわかりにくい人です。

石原さんは、日本が明治以後、脱亜入欧してきた路線を基本的に肯定しながら、その裏側にへばりついている「なぜアジアは植民地化されてしまったのか」というコンプレックスも引き受けているんですね。これは、アメリカを理念的に肯定していながら、敗戦コンプレックスを抱えているのと、同じですね。右翼であるか左翼であるか、ヨーロッパであるかアジアであるか、という二項対立的な構図の設定から、彼は見事に抜け出ているんです。

価値観、政治的理念がない「危険性」

――では「保守思想家」石原慎太郎の思想とは、どんなものなんでしょうか。非常に捉えにくいんですが。

松本　石原さんは何者なのかという問題ですね。彼はどちらかというと保守思想家といえるかもしれないけれども、ではいったい何を保ち、何を守ろうとしているのか。石原さんが持っている普遍の価値観は何なのか。政治家として実現しようとする理念は何なのか。どのような固有の戦略を持っているのか。

これらの問いを考えてみると、答えは「ない」んですね。石原さんには普遍的な価値観もなければ、政治的な理念も存在しない。そこが一番危ないんです。

権力者になるということは、吉田茂にしろ佐藤栄作、田中角栄、中曽根康弘にしろ、自分はこれをやりたいんだということがあるから、汚いと言われても数を集めたりして、権力を握るわけです。汚い金を集めてでも、政治家として大きな勢力を自分で持とうとする。

しかし、汚いことをしていたとしても、「こういう日本を作りたいんだ」という理念と政治哲学が明確である場合には、ある程度信用できるんですね。

けれど、石原さんの場合には、政治がスポーツと同じになっていると思うんです。つまり、ヨットをやるのと同じ感覚で、未知なる大きな冒険に向かって、それを克服していく。挑戦者としてエネルギーを発散して、それによって自己満足をする。スポーツというのは、その瞬間瞬間に楽しんで終わり、ですね。石原さんが権力を握って政治をやると、次の日になったら今度は別のスポーツをやるということになる。

しかし、政治もスポーツと同じように日替わりでやられては困るわけで、日々の政治的挑戦の間に政治哲学に立脚した一貫性があるかどうかが重要になります。ところが、石原さんにとっての政治というものは、すべてエネルギーを消費・発散するためのものであって、その間に一貫性があるようには見えないわけですよ。そのため、中西輝政や福田和也といった知識人にすれば、自分がその一貫した理念や戦略を与えてやれる、という意味で、若手知識人の評判がいいんです。

石原慎太郎という政治家は、非常なる「オポチュニスト」であるという気がするんです。機会（オポチュニティ）をその時々で捉えて、自分のエネルギーを発散させる。

政治権力としての自分を表現することで自己満足しているわけです。いい政策、アイデアを出すこともあるが、場当たり的で、東京にカジノを作るなどのように、まったく無意味なものもある。

天才は言葉で時代を捉えて権力を握ることができますから、石原さんも状況によっては石原新党なりを作って、総理大臣になることも可能でしょう。しかし、そのことで国民を誤った方向に導く危険性も高い。その場合、国民もほかの政治家も過ちを修正できないんですよ。彼に政治の原理がないんだから。

世の中には、柳田邦男さんが引用したブレヒトの「英雄のいない国は不幸だが、英雄を必要とする国はもっと不幸だ」という言葉もあるんです。

（取材・構成：宮島理）

【作品売り上げベスト10から】

「作家」石原慎太郎。かくも堂々たる通俗！　臆面なき型通り！

大月隆寛（民俗学者）

もっとも剣呑なタブー

いまさらながらの感慨ではありますが、なんだか知らない間にそこら中で石原慎太郎、になっている今日このごろであります。

前代未聞のどえらいタンカを切っていきなり国会議員を辞めて、しばらくおとなしくしていたと思ったら今度はかつて美濃部亮吉に敗れた都知事選に再度立候補、見事、大量得票で新たに都知事になってこっち、それまでとケタ違いの速度と規模とで劇場化が進行するいまどきニッポンの政治状況で、彼は確実に舞台の中心に立ち始めている。

かつては「タカ派」の代表格のようにいわれ、冷戦構造のなかでは自民党のなかでも半ば変人、どうかしたら復古調ウルトラ・ナショナリストのキチガイのように語られた時期さえあった彼が、最近じゃ、もともと役まわりもコミで好意的だった『文春』や『新潮』は言うに及ばず、昔は天敵のはずだった『朝日新聞』あたりまでが妙にシナつくって媚《こ》びを売るようになっているのだから、時代ってのも変われば変わるもの。折から「従軍慰安婦」問題から歴史教科書絡みのすったもんだを糸口に、九〇年代後半このかた盛り上がってきた新たなナショナリズム復興の風潮も後押し、いまや「国民最後の期待」だ、なんて言う向きまで出てきていて、何やら近い将来、ほんとに石原新党をぶち上げていっきに国政復帰、正面突破であっぱれ総理大臣に、なんて事態まで半ば現実味を帯び始めてきている。いや、何もそんな大層なレヴェルの話でなくても、テリー伊藤や浅草キッドなどを取り巻きに青息吐息のMXテレビで自分中心の企画番組を連続して持ち、ピンは田原総一朗からキリは福田〝ちゃんこ〟和也までの「論壇」系提灯《ちょうちん》持ちご一党も軒並み軍門に下らせはべらせ、ほぼ最終的にそのタブーが崩れつつある「同和」や「在日」といった「戦後」タブーの大御所に代わって、いまや「石原」批判こそがメディア界隈でもっとも剣呑な禁忌になり始めていることもほぼ周知の事実。折しも、TBSがドラマでなんとあの『太陽の季節』をいまどき酔狂にもリバイバル、それもジャニーズ事務所の滝沢クンを起用しての沙汰というから、こりゃもう「石原慎太郎」ブランドは無意識も含めたそういう広告資本とメディアの「意志」に完全に乗ってしまった、今いちばんトレンディ（笑）、かつ世の善男善女の喰いつきのいいタマ、らしいのだ。

キャラで成り立つ「ブンガク」

そんな石原慎太郎は、しかし都知事であり政治家である前に「作家」である。全然疑いもなく、平然とそういうことになっている。そしてもちろん、それはひとまずのところ正しい。

少し前、あたしゃこんな風に書いた。

この石原慎太郎、デヴューから今までの軌跡をひとわたり見直してみると、やはり骨がらみで「ブンガク」の申し子であることがよくわかる。いや、もう少し丁寧に言えば、この「戦後」の言語空間でけったいに増殖してきた「ブンガク」の、よくも悪くもそのありように根っからシンクロするような存在であり続けている、ということなのだ。

つまりそれは、キャラ立ち勝負で正面突破する術を体得したブンガク、ということに他ならない。作品で勝負、とか、ゲージュツ性が命、とか、そんな眠たいことを石原は絶対考えてなかったはずだし、今もないに決まってる。書き手である自分こそが自分の書くものの価値の中核にある、その自覚が最前提に置かれているという意味で、それまでのブンガクのささやかな伝統からはかなりの異端――まさに「外部」として、彼は登場してきた。そして、その初期設定は半世紀近く経った今でも、未《いま》だにキャラとしての「石原慎太郎」をしっかり規定している。

（「若手人気作家が『タカ派』政治家の旗手に登りつめるまで」別冊宝島Ｒｅａｌ０１７号『腐っても「文学」⁉』所収・二〇〇一年七月）

デヴュー当時、そのころ、ようやく市民権を獲得し、一般教養として認められ始めていた旧来の「文学」の枠組みのなかから、その枠組み自体をいきなり蹴倒すようなキャラ――当時のもの言いだと「アプレ」の典型として登場したのが彼だった。「そんなブンガクオッケーという暗黙の了解の下でこそ『学生作家』の『石原慎太郎』は一躍、時代の気分を収束するノズルになることができた」（前掲拙稿）。実際、デヴュー後数年、いや、ゆるく見積もっても参議院選挙に出馬するまでの時期の執筆活動の旺盛さは今から見ても驚くほどだし、また自身、当時、柴田錬三郎と並ぶ高額の原稿料をとる流行作家だったことを認めている。「作家」石原慎太郎のイメージの基

礎は、間違いなくそのころに作られたものだといえる。

しかし、なのだ。その「作家」イメージの基礎づくりの時期も含めて、その後ずっと書いてきたものは、さて、果たしてこれまでどれだけの人に読まれてきているのだろうか。

作品売れ行きベストテン

『太陽の季節』？　それは知ってる。中坊のケツくらいのころに文庫でこっそり読んだような気が。「障子破り」が、さもたいそうに語られているのも何となく知ってたけれども、中学校に『平凡パンチ』持ち込んでカラーグラビアの池玲子だの杉本美樹だのをみんなで回し読みしてて大目玉食らったガキにしたら、すでにそんなもん「はぁ？」だった。それ以外の石原の作品って……名前を聞けば、あ、聞いたことがあるかも、という程度で、「作家」といわれても具体的な作品と、すでに当時メディアに派手に登場していたその立ち居振る舞い――今風に言えば「パフォーマンス」とが結びつかないのが当たり前、という存在だった。文学史の授業でも別に暗記しなけりゃならない名前でもなかったし、第一、戦後以降の文学なんか試験に出るはずもなかったもんね。

幸い、最近ネットに出現した彼についての公認サイト『宣戦布告――NETで発信石原慎太郎』には、「作家　石原慎太郎」というコーナーが設けられていて、そこに「石原慎太郎作品売上ベスト10」が掲載されている。

ちなみにこのサイト、とある石原ファンの学生が思い立ち、自ら石原にかけあったところ見事に意気投合、お墨付きまでもらい公認サイトにしてもらったという「美談」めいたオハナシとともに結構大きく報道されたシロモノ。そのあたり、ほんとかどうか知らないけれども、少なくとも、いまやそういう舞台裏も含めて情報をコントロールすることでキャラとしての「石原慎太郎」を演出しようとする手癖を彼の周囲は持っている。そのことはもう、ちょっと敏感ないまどきの常民ならばきっちり察知している。

純粋なファンの「若者」が無償で頑張ってこさえる石原サイト――昨今、政治家に限らず、文化人や芸能人が自前でこさえるホームページの空々しさを回避するには、この選択はたしかにありだとは思う。第一、自分でパソコン叩いてサイトの管理やってる石原なんてのは、かなりぞっとしないしなあ。

ともあれ、そのサイトによれば、石原の「作品」のこれまでの売り上げベストテンとは、ざっとこんな感じらしい。

1 『弟』毎日文学賞特別賞受賞　百四十万部（幻冬舎・九六年）

2『「NO」と言える日本―新日米関係の方策―』（盛田昭夫と共著）　百二十四万部（光文社・八九年）
3『太陽の季節』　文学界新人賞受賞、芥川賞受賞　八十九万部（新潮社・五六年）
4『スパルタ教育』　七十万部（光文社・六九年）
5『青年の樹』　四十五万部（角川書店・六〇年）
6『それでも「NO」と言える日本―日米間の根本問題―』（渡部昇一・小川和久と共著）　四十二万部（光文社・九〇年）
7『青春とはなんだ』　三十万部（角川書店・六四年）
8『化石の森』　芸術選奨文部大臣賞受賞　二十九万部（新潮社・七〇年）
9『法華経を生きる』　二十六万部（幻冬舎・九八年）
10『宣戦布告「NO」と言える日本経済―アメリカの金融奴隷からの解放―』（一橋総合研究所と共著）　二十五万部（光文社・九八年）

これって本当に「作家」の著作？

さて、この並びをどう見たらいいのか。
たしかに、数字はすごい。百万部以上のメガヒットが一本、以下も数十万部単位がずらりと並ぶ壮観ぶり。文句なし、だ。こういう数字の常として額面どおりに受け取れないのが当たり前だとしても、戦後有数のベストセラー作家の一人といっても、まあ、決して大げさじゃないと思う。とにかく部数はひとまずはけるらしいのだ、「作家」石原の本は。

ただ、どうなんだろう。改めてこのランキングを眺めていて思った。これって本当に「作家」の著作のラインナップ、なんだろうか？

彼を世に売り出すきっかけになったかの芥川賞受賞作『太陽の季節』は、こりゃもうある種の定番、戦後の古典みたいなもんでロングセラーだろうから少し別格だろう。『化石の森』や『青年の樹』が入っているけれども、これとて今から三十年以上も前、いずれ「文学」そのものがまだたっぷりとご威光を保てていた時代のもの。『青春とはなんだ』などは、弟裕次郎主演による映画化はもちろん、のちにはテレビの青春ドラマにもなった、今でいうところのメディアミックスのハシリ。それ以外はというと、正直言っていわゆる「作家」の仕事からはズレたシロモノがほとんどじゃないだろうか。少なくとも、おのれの信じる何らかの価値や美意識を守りながらコツコツと原稿用紙に向かって創作する、てな、ステレオタイプな「文学」イメージの「作家」ならば、まず書かないような本ばかり。

いや、さっき確認したように、初手から石原はそんな「文学」イメージをこそ相対化するキャラクターで登場したんだから当たり前、ということなのだとしよう。だが、だとしたらなおのこと、どうしていまだに彼は、「作家」という肩書きをここぞというところで必ずプロモートしたがるのだろう。第一、このランキングに入った本のうちの半分ほどは、九九年に改めて都知事の椅子につくに至る時期のもの。最初に国会議員になる前、初期のものが三本で、ということは、ここに挙げられたようなベストセラーぶりってのは、実質ここ十年ばかりのこと。初期の「作家」としての彼を支えていた「文学」のご威光がほぼ完全に崩壊してしまった状況でのこの売れ方、読まれ方というのは、一枚岩で「作家」とだけみなしているだけでは、その意味を見誤るかもしれない。

「文学」からバカにされて

「作家」というもの言いは、考えてみたらかなり曖昧というか漠然としたものだ。小説を主に書くもの書き、ということならば、それまでは「小説家」、もっと格式張ったところじゃ「文士」「文学者」なんて言ってたりした。そんな小説家やそれ以外、たとえば詩人や劇作家や歌人、俳人などまで含めたあまたもろもろのもの書き、売文稼業をひっくるめながら「作家」という呼称が一般的になっていったのは、「文学」っても言い自体に絡みついていたさまざまな幻想や勘違い、あやしい情念や執着といったもろもろが「戦後」の時空で多少は風穴があけられ、大衆社会が本格的に現実のものになり始めるにつれてどんどん世俗化していった事態が関わっていたはずだ。その過程で半ば必然的に獲得されてきたもの言いの変遷、それが「作家」というどこか漠然とした包括的なもの言いを当たり前にしていった。古典的な意味でのアルチザン、ひとりコツコツと職人仕事でかけがえのない芸術品をこさえていくようなやり方では対応できない、とりとめない「マス」を相手にした大量生産・大量消費の商品としての文学（主として小説なのだが）が全面化してゆくときに、それまでの「文学」を管轄する作者、創造主としての「文学者」も、その意識を変えてゆかざるをえなくなったわけで、それはある意味では小説というジャンルの特権性がなめされて標準化してゆく過程だったのだと思う。

だからいまや「作家」といっても、いわゆる小説だけを書く人間というわけでもない。評論もルポもコラムもエッセイも、とにかく文字の文章を書いて世渡りする稼業一般といった程度にまで、「作家」の内実は変質してきた。「ライター」や「もの書き」と違うところがあるとしたら、あえて「作家」を選ぶ自意識には、まだどこかで「文学」の磁場から自ら自由になり切れない執着や未練が漂っているところだろう。

そして、その種の執着や未練というのは、いまどきの情報環境においては、たいていの場合、キャラの自己表現にとってはマイナスに働くもの、と相場が決まっている。

もう一度、さっきのベストテンを眺めてほしい。このうち、あなたはいったい何冊、「作家」石原慎太郎の本を読んだことがあるだろうか。

あたしゃ申し訳ないが、上位三冊くらいしか読んだことはなかった。それもほとんどが仕事絡み。これまで自分の私的な関心として「作家」石原の本を手に取ることは、まずなかったってことなのだ。

これはあたしが特殊だから、とも言い切れないと思う。いや、そりゃ本読みとしては充分に特殊だとは自覚しているが、それでも「豊かさ」のなかで戦後民主主義でもって考えなしに育てられてきた世代のこと、人並み程度にマジメに小説も読んだし、「文学」に敬意も持ってはいるつもりだ。そのあたしの経験や感覚から推し量っても、いわゆる本好きはもちろん、ありがちな文学ファン、文芸好きの人であっても、これら「作家」石原のベストセラーを丹念に読み続けている、という向きはあまりないだろう。というか、そういうコアな文学ファンなどからはどこかバカにされて軽んじられてきたのが、ほかでもない、「作家」石原慎太郎なのではなかったか。そういう「文学」にずっと裏切られ続け、疎外され続けきていたところさえある石原慎太郎を、このところみんなどこかで忘れてしまっていないだろうか。

良くも悪くも同人誌気分

今回、編集部からこの上位ベストテンのほとんど（『スパルタ教育』だけは、絶版になっていることもあって残念ながら期日までに入手できなかった）をコピーも含めて送ってもらって、うわあ、あれもこれもみんな石原じゃねえかあ、これがかの福田和也みたいな恥知らずのタイコモチなら『月刊石原慎太郎』ぐらいのヨイショ本をでっち上げてうほほほほ、ボクちんもあっぱれ大御所保守の約束手形ゲットじゃないのよ、ハニー、これで娘もめでたく幼稚舎お受験させられるなあ、なあんてどこぞの出版社からせしめたワインでも片手にひとり脂下《やにさ》がることもできたろうに、因果なことにあたしゃそこまで厚顔無恥になれるステキな才能は持ち合わせていないもんで、例によっていくつかの日銭仕事こなす合間に、うんうん唸《うな》りながらもありがたくマジメに読みとおしたような次第。

で、結論。つまんねえ。それもかなり徹底的に。

これだけじゃあんまりなんで説明するけど、要はこの人、コテコテの青春小説作家だったりするんだよね。それもおそらくかなりの程度無自覚な。

それはきっとデヴュー当時からずっと同じ。やんごとないカネ持ちボンボンの手すさび、さすがええご趣味でんなあ、といったところから、書くもの自体はほとんど動いていない。良くも悪くも同人誌気分、書生気分のまんま、時節に迎えられ市場に躍り出てしまったことの恍惚と不安、みたいなものがずっとつきまとってる。「青春」だの「若さ」だの、そんなものに大真面目に何か語ろうとするあたりがまずもって旧世代の「文学」幻想の磁場のうち。なんだ、石坂洋次郎の二番煎じかよ、くらいの感想は抱いたってバチは当たらないだろう。ただ、かくも堂々たる通俗を臆面もなくやり続けてさして屈託するところもなさげな育ちの良さはたしかに希有で、そこがこの四十年余りの激変する状況のなかでなお、「作家」というアイデンティティを保ったまんま揺るぎもしないところに反映されている、と思う。

当時出たばかりで、ベストセラーになっていた『弟』について、あたしゃこんな書評を書いている。

ある世代にとって「石原裕次郎」がどれだけ大きな名前だったか、僕自身にその実感はない。けれども、意外な人が〝裕ちゃん〟にハマっていたことを知り、驚いた経験は何度かある。

ひとつだけ紹介しよう。僕が競馬場の厩舎をうろつき始めた頃から顔なじみの厩務員さんで、文字通りの叩きあげ、腕一本が自慢の人がいた。見るからに職人さん。馬が勝とうが負けようが表情ひとつ変えないで黙々と仕事をしていたこの人が、裕次郎が死んだときには男泣きに泣いた。あんまり意外だったので事情を尋ねることもできなかったのだが、こっちのそんな表情を見てとったのか、その人は先回りしてこう言ってくれた。

「そりゃさあ、僕たちにとっちゃ青春だったもの。カッコ良かったんだぜえ、裕ちゃんは。」

そうか、そんなにカッコ良かったのか。でも、そのカッコ良さって、果たしてどんなものだったんだろう。

これは、そんなとりとめない問いに対する答えの糸口のひとつになる本かも知れない。裕次郎の兄、石原慎太郎の描いた裕次郎の回想。小説仕立てだけれども、その意味でも民俗資料的な価値も伴ってる本だと言っていい。

読んで改めて「すげえ育ちだなあ」とため息が出る。父は汽船会社の社員で、当時不定期航路の貨物船の配船業務では業界の三名人と呼ばれたという人。だから、この兄弟は神戸生まれで小樽に育ち、後に逗子に移り住む。敗戦後も飢えらしい飢えを知らず、ヨットさえ買ってもらう。

この世のものとは思えない。だが、これが本物の湘南ボーイだ。そして、この国の「中流」とは本来こういうものだった。消費生活に確かな趣味をもたせた人々という意味では、後に〝裕ちゃん〟に熱狂した高度経済成長期の日本人の多くにとって、たしかにあこがれであり「カッコいい」先輩だったのだ。なにせ兄は若き芥川賞作家。弟は映画のニュースター。今なら小室哲哉とキムタクが兄弟みたいなもんだから、こりゃ無敵だ。まだ権威バリバリだった文学と映画を共に牛耳ったんだか。

主に中盤から映画界や芸能界で泳ぐ弟と、それを折にふれてバックアップした兄である自分自身との交錯が語られてゆくが、これはもちろん裕次郎世代の読者への正面からのごちそう。そんな〝お約束〟以外にも楽しめる部分は少なくない。

例えば前半、小樽での幼い日々の回想がいい。カソリックの幼稚園。飼犬のシェパード。ブレイザーコートを着た記念写真。いたずらで川に流してしまった小犬が憑いてしまい、首を振るようになった弟と、それを町の拝み屋の婆さんに見てもらって家のまわりに供物を置いてまわる父。そして逗子へ。ヨットとサッカーとバスケットボールの青春。父の死。放蕩を尽くす弟と、それを眺める「家長」意識を植えつけられた兄。小説と映画と、それぞれの才能で世に出てゆく彼ら兄弟。

《世の中へ出てから、私たち兄弟のうちでは私のほうが我の強い人間に思われがちだったが、本当は、表にはそう見えずとも弟の方が私よりはるかに我が強い、というより好き嫌いを有無いわさずに通してしまうところがあった。我がままというより、あくまで自らの意志を通すところは弟の方がはるかに上だった》

全編を通じて感じるのは「父」であり「家長」であるような存在の影だ。『太陽にほえろ』の裕次郎はそのような「父」を演じたものだ、という解釈もうなずける。志ある読み手は、野坂昭如や小林信彦の作品と読み比べて欲しい。「戦後」とひとくくりに片づけられる未曾有の疾風怒濤の時代に宿り得たマチズモ（男らしさ）の歴史を遠望する素材としても楽しめるはずだ。

（「世間が読んでる本」『ダカーポ』・九六年十月二日号）

最高の作品は「自分自身」

「作家」石原慎太郎の「作品」を愛読している文学ファン、というのは、とうの昔にもう、現実には想定しにくいものになっていたはずだ。彼の書いたもののファンというのは、いわゆる文学・文芸ファンなどではなく、主として七〇年代以降に読者市場として急速に成立してきた、通俗的な政治、経済、国際関係の解説といったあたりに反応する資質の読み手たちだったのだと思う。実際、落合信彦などともその資質的には共通するものがあるのではないだろうか。

今の「政治家」石原のキャラを決定づけるのに良くも悪くも大きな役割を果たした『「NO」と言える……』シリーズなどは、言うまでもなくそういう「作家」石原の仕事の典型だろう。どうも本自体が石原の名前とともに喧伝されすぎたけれども、多くは盛田昭夫、小川和久、渡部昇一などとの共著というかたちをとっている。専門的な知識や背景といったものは石原自身にはなく、それら共著者たちの側にある。石原にあるのは、固有名詞として顔を出す政治家や財界人や文化人や、時に芸能人などとの個人的なつきあいのリアリティ。それらをエピソードのなかにちりばめながら、共著者たちの知識や背景を要領よく吸い上げては、より大きな話の流れのなかに連鎖させてゆく。このあたりのフォーマットは彼個人の創出によるものというよりも、「石原慎太郎」というのが本質的にそういう共同作業によって作り出されてきたキャラであることの必然だろう。

政治家「石原慎太郎」が、飯島清という人物のプロモーションによるものであったことは、今日ではよく知られている。有能な選挙参謀だった彼の手によって、今から比べればはるかに物情騒然とした六〇年前後の政治状況の真っ只中に、抜群に集票力を持ったキャラとして「石原慎太郎」は舞い降りた。都知事選に出馬、見事に当選を果たしたときにも、「今回のスタッフはあのときを超えたな」といった意味の発言をどこかでしていたはずだ。彼にとっての選挙とは、そのようにキャラを演じることであり、そのためのチームワークの上に彼は適切な立ち居振る舞いを選ぶ。劇場型政治環境には初手からなじんでいるのだ。

先に挙げたサイトには、こんな剣呑なこともさらりと掲載されている。書いたのは石原じゃないにせよ、このような記述にオッケーを出したのは石原なのだろう。

アメリカの核戦略拠点以外にも、石原は沖縄の嘉手納基地を視察している。とある機会に石原は評論家の村松剛と二人で嘉手納基地を視察する機会を得た。

そして二人はそこである驚くべきものを目にしている。

視察では、身柄のチェックを何度も受け、更に奥へ進むと石原たちに同行した米軍将校の体からもすべての金属が外された。そして三人を挟み込むようにしてそれぞれに二人ずつ屈強な白人の兵隊六人が付き添い、仰々しい三重の堀に囲まれた建物の奥へと連れて行かれた。そこで石原たちは薄青みがかった巨大な金属の箱を目にした。石原は戦慄を覚え、ただただ息を凝らし何度もうなずきながら、飽きることなく目の前の物に見入っていた。

それはまさしく核弾頭であった。

石原はあの日に目にした薄青い巨大な金属の箱は、今日も当時と変わらず存在しているという確信を抱いている。

おーい、だったらなんで当時これを表沙汰にして大騒ぎしなかったんだよ、あんたは、というツッコミは野暮だろうか。政府の言う非核三原則などまったくの空証文なことはそのころから耳タコで言われていた。にしても、だよ。これだけの見聞をしておきながら、今になって後出しジャンケンみたいに三十年後にもっともらしく持ち出してくるのは、あまりタチのいいもんじゃないよなあ。

「政治家」石原慎太郎というのは、こういうことをしれっとやってのけるタマだ、ということだ。しかも、それを「作家」のふりこきながら、私的なところではきっとうっとりと。石原慎太郎にとって最高の「作品」とは、おそらく彼自身ということになるのだろう。まさにキャラとしての「石原慎太郎」を全身で二十四時間演じること、それが彼の自己表現なのであり、またそういう意味での「作家」である、と。

最近、勝負に出てきたのか、それともいささか功を焦り始めているのか、それまでよりも粗製濫造気味になってきたフシもあるそのような「作家」活動のなかで、ことさらに自分の肖像写真を大きくフィーチュアするようになってきているのが、あたしゃどうも気になる。先に言ったような、彼がその出自から骨がらみに背負ってしまっている「文学」の磁場からどうしても自由になり切れていない自意識の執着や未練が、ここにいたって予想以上にナマな形で現われようとしているのではないか。なるほど、「老い」というのはそういうもの、終わりが具体的に見え始めたことで自らの出自に抑えが利かなくなってしまう、そんなものなのかもしれないけれども。

著者紹介

（五十音順）

●伊藤博一　いとう・ひろかず
'52年福岡県生まれ。経済誌、週刊誌記者を経て、現在フリージャーナリスト。週刊誌、月刊誌を舞台に、第一線で企業犯罪、事件の取材、執筆活動を展開している。

●上杉隆　うえすぎ・たかし
'68年、福岡県生まれ。テレビ局勤務・衆議院議員公設秘書、米紙記者などを経て、フリーランス・ジャーナリストに。『石原慎太郎「5人の参謀」』（小学館）で注目を集め、各誌に精力的に執筆を続けている。著書に『田中眞紀子の恩讐』『議員秘書の仮面』（以上、小学館）、『田中眞紀子の正体』（草思社）などがある。

●大月隆寛　おおつき・たかひろ
'59年東京都生まれ。独立系民俗学者@武闘派。早稲田大学法学部卒。東京外国語大学助手、国立歴史民俗博物館助教授などを経て、現在野放し（笑）。【サイバッチ！】インデプス編集長。著書に『厩舎物語』（日本エディタースクール出版部）、『無法松の影』（毎日新聞社）、『民俗学という不幸』（青弓社）、『あたしの民主主義』（毎日新聞社）、『独立書評愚連隊（天）（地）』（国書刊行会）など多数。E-mail: UGI30794@nifty.com

●川村力　かわむら・ちから
'75年青森県生まれ。北海道大学卒業。『週刊現代』編集者を経て、ジャーナリストに。

●佐々木孝明　ささき・たかあき
'64年生まれ。東京大学卒業。東京財団リサーチフェロー。日本総合研究所、通産省、衆議院議員政策秘書、大臣秘書官などを経て、現職。

●椎名玲　しいな・れい
北海道生まれ。ノンフィクションライター兼編集プランナー。『週刊文春』『文藝春秋』などで、食品や生活品の安全性をテーマに消費者に有益な情報を提供し続けている。共著に『週刊文春「安全食生活」完全読本』（文藝春秋）、『成分表でわかる買いたい食品』（永岡書店）などがある。

●島田四郎　しまだ・しろう
'75年生まれ。政治・経済ジャーナリスト。政治専門誌を中心に取材活動を展開中。

●松本健一　まつもと・けんいち
'46年群馬県生まれ。東京大学経済学部卒業。麗澤大学

国際経済学部教授。評論家として多方面で活躍中。著書に『「日の丸・君が代」の話』（PHP新書）、『北一輝論』『白旗伝説』（以上、講談社）、『雲に立つ』（文藝春秋）、『「高級な日本人」の生き方』（新潮社）、『三島由紀夫亡命伝説』（河出書房新社）、『開国のかたち』（毎日新聞社）など多数あり。

●藤堂正臣　とうどう・まさおみ
ジャーナリスト。アングラ系の政治・社会ネタを得意とする。

●宮島理　みやじま・ただし
'75年生まれ。大阪府出身。東京在住。東京理科大学理学部物理学科中退後フリーライターに。ホームページ「週刊プチ論壇」（http://miyajima.ne.jp/）を主宰。
E-mail: info@miyajima.ne.jp

本書は、二〇〇二年十一月に小社より刊行された
別冊宝島Ｒｅａｌ＃０４０『石原慎太郎の値打ち。』を改訂したものです。

宝島社
文　庫

石原慎太郎の値打ち。（いしはらしんたろうのねうち。）

2003年３月10日　第１刷発行

著　者　別冊宝島編集部
発行人　蓮見清一
発行所　株式会社　宝島社
〒102-8388 東京都千代田区一番町25
電話：営業部 03(3234)4621／編集部 03(3234)3692
振替：00170-1-170829 (株)宝島社
印刷・製本　株式会社 廣済堂

First published 2002 by Takarajimasha, Inc.

Printed and bound in Japan
ISBN4-7966-3190-9